NÃO INVENTA, MARIANA

MARIANA BECKER

NÃO INVENTA, MARIANA

EDITORA
Labrador

Copyright © 2022 de Mariana Becker
Todos os direitos desta edição reservados à Editora Labrador.

Coordenação editorial
Pamela Oliveira

Assistência editorial
Larissa Robbi Ribeiro
Leticia Oliveira

Projeto gráfico, diagramação e capa
Amanda Chagas

Preparação de texto
Marcelo Nardeli

Revisão
Bonie Santos

Imagens de capa e miolo
Violeta Noy

Dados Internacionais de Catalogação na Publicação (CIP)
Jéssica de Oliveira Molinari - CRB-8/9852

Becker, Mariana
  Não inventa, Mariana / Mariana Becker. — São Paulo : Labrador, 2022.
  272 p. : il, color.

  ISBN 978-65-5625-206-3

  1. Crônicas brasileiras I. Título

21- 4868   CDD B869.8

Índice para catálogo sistemático: 2ª reimpressão - 2022
1. Crônicas brasileiras

Editora Labrador
Diretor editorial: Daniel Pinsky
Rua Dr. José Elias, 520 — Alto da Lapa
05083-030 — São Paulo/SP
+55 (11) 3641-7446
contato@editoralabrador.com.br
www.editoralabrador.com.br
facebook.com/editoralabrador
instagram.com/editoralabrador

A reprodução de qualquer parte desta obra é ilegal e configura uma apropriação indevida dos direitos intelectuais e patrimoniais da autora.

A editora não é responsável pelo conteúdo deste livro. A autora conhece os fatos narrados, pelos quais é responsável, assim como se responsabiliza pelos juízos emitidos.

A Flora Misitano, Bettina Gertum Becker e Lisa Gertum Becker, que me ajudaram a levar o livro adiante e me pegaram pela mão ao me estimularem e me guiarem na minha prática caótica. E ao muso inspirador, Luis Fernando Verissimo.

SUMÁRIO

APRESENTAÇÃO
Enlouquecendo o corretor 11

PARTE UM
ALÉM DA PISTA 13

Primeira vez na F1 14
Valente escondidinho 15
Senhoras de Singapura 16
A pressa de viver 18
Sonhos mirabolantes 1......... 20
Sonhos mirabolantes 2 20
Biscoitinhos japoneses 21
Japão depois
do autódromo 23
Banho pós-GP 25
GP depois da revolução 25
Cavalgada no Bahrein 26
Um presente em Florença 29
Anita Ekbecker 31
Apetitosa Maranello 33
Motel coreano 34
Na rua com Li Hua 35
Blow dryer 38
Surpresas austríacas 39
A Fórmula 1
e seus fantasmas 40

PARTE DOIS
CARTÃO DE EMBARQUE 43

Coque banana 44
Não segura, segurança 46
Fiachar de Lufthansa 46
Nojo 47
Sozinha na neve 48
Subir em vez de descer 49
Haia 51
A cidade do amor 53
AF x KLM 54
Metz 56
Mototáxi em Paris 57
Museu Sorolla 58
Barcelona de manhã cedo 59
Dale, nena 61
Samba espanhol 62
Procissão espanhola 64
Cartão de crédito 65
Chinelo de bico fino 66
Santa Sicília 67
Granita 68
O mar dentro de casa 69
DR em Veneza 70
Gripe maltesa 71
Pecado grego 73

Ai, o pepino grego 74	Páscoa na China 127
O colar 75	Perdidas em Xangai 129
Vestidos VIP 77	Sem grana na China 130
Salaam, people! 79	Japão e o tempo 132
Baku, a cidade velha 81	Gentilezas 133
Marrocos 83	Sudestada 134
Talheres de prata 86	Acolhimento japonês 135
Chá berbere 87	Takayama 1: Lobo mau e um porquinho 138
Porta do deserto 88	
Habiba do Saara 89	Takayama 2: Fantasminhas 139
Será que eu gosto mesmo? Gosto 92	Takayama 3: A casa do passado 142
A chegada 94	O primeiro onsen 146
Aterrissando em Délhi 97	Onsen Blade Runner 148
Esboço do primeiro dia 98	Shirakawa-Go, festival na aldeia 151
Sem registro... Antes de dormir 101	
La garantia soy yo 103	Koyasan 1: O início 154
Outro dia inteiro no autódromo, mas... 104	Koyasan 2: Cemitério 155
	Toucinho budista 157
Vai ter que ser rapidinho 105	Estranhamento 159
Pra chegar lá... 106	Cantando com o Dr. Taka-san 161
Over... 109	
Camboja 112	You have to have balls 163
Facetime 121	Kumano Kodo: a resignação 166
Bons maus modos 123	
Happy ending chinês 124	Kumano Kodo com cerveja 167

Lavagem no Japão 170

Violino perdido 172

Missa 173

Grilos na Austrália 174

O antes 175

Nova Zelândia e a essência 176

PARTE TRÊS
PRAZERES COTIDIANOS 177

Bom dia 178

Delicadinha 178

Manhã de temporal 180

Bons presentinhos 181

Feirante em Mônaco 183

Taurina 184

Gastronômicas 184

O brigadeiro era cajuzinho 184

Almoço 185

Decapitação 185

A saga da panqueca 186

Centauro 187

Samba no contrapé 191

Botas amarelas 191

Prende cabelos 193

Desopilar: desobstruir, aliviar 193

Ursula ou viking 195

Beyoncé 196

Duas horas e meia de paz 197

Emma 199

Quando a gente menos espera... 200

Esquecimentos delicados 202

Resgate do pesadelo 203

Lua sobre a montanha 204

Pegadas 205

Lobos 205

Trilhas internas 209

Modos na praia 210

Natação profilática 211

Velhinhas aquáticas 211

Parabéns pelo Dia da Mulher-Mãe 220

Remédio caseiro 222

Só observando 222

Saquinho de cocô 222

Shadow 223

Shadow e o sofá proibido 224

Tião 225

Sentido 226

Todos os sentidos 227

PARTE QUATRO
INESPERADOS ... 229

Brisa interna ... 230

Desenvenenamento ... 231

Neura ... 232

Um espaço para chorar ... 233

Cena bonitinha ... 235

Rasteirinha ... 235

Sábado de Aleluia ... 236

Maledicências ... 236

Obrigada, elevador ... 237

Incêndio ... 238

Exibida colorida come casca de ferida ... 239

Queimadura ... 240

Trouxinha de queijo ... 240

Presépio ... 241

Acabei chorando ... 241

PARTE CINCO
MINHA CASA ... 243

Códigos ... 244

Coisas de casa ... 245

Gaivotas ... 246

Kränzen ... 248

Dia dos namorados ... 250

Gambrinus ... 250

Eternamente namorando ... 251

Família e passarinhos ... 252

Mirrolinha ... 254

Canções de Natal ... 256

Emburrada no oratório ... 257

Faca de churrasco ... 258

Os barulhos da casa ... 260

Inimigo na trincheira ... 262

Tata ... 263

Manhãzinha ... 264

Ô, lá em casa ... 265

Pelos corredores da casa ... 266

A ceia de Natal ... 268

Mais passarinhos ... 269

Margaridas velhas ... 270

APRESENTAÇÃO

ENLOUQUECENDO O CORRETOR

Uma amiga escreveu no Facebook: "Por um mundo com menos mimimi e mais momozão". Eu sei que ela quis dizer amor, mor, amorzão... tudo isso eu sei. Só que, quando eu li,
o que me veio primeiro à mente foi o que aprendi em casa como sendo momózão. Momózão como aumentativo de momó, com acento agudo. E "momó", lá em casa, era cocô mole. "Fez cocô ou fez momó?", controlava a mãe, atenta,
depois da dor de barriga dos filhos.

Lá em casa, "frege" é bagunça. "Aquilo tá que é um frege, um murundu!" ou "Agora chega de frege!". Ouvi muito. Esculhambado era palavra feia. Bosta, não. Não era bonita, mas não era feia. Tem um jeito rural que é desculpado.

Por falar nisso, "fui" era expressão para quando se sentia um cheiro ruim. E arroto era "João Galinha": "Soltou um João Galinha!". Pum era pum mesmo. E só tava liberado em acampamento. E com cuidado para não deixar a calcinha ou cueca "rabiscada". Desculpe, mas esse assunto é amplo. Aliás, quando o pum era fora dos parâmetros, meu pai chamava de "pucna sbróvnia".

"Fofo" é bunda. "Xixi" e "pipi" servem tanto para o instrumento quanto para o líquido: "Fazer um pips".

Alguém muito bravo estava "montado num porco", ou furibundo. Mas tomar um "sorvéx" de creme ou chocolate poderia acalmar o vivente. Só não podia comer demais, senão virava "bolo-fofo". E o pulôver ficava "suréco", curto na barriga. Aliás, não se podia ir "espandongada" ao médico ou ao dentista. Tinha que ir arrumadinha.

O quarto de duas das minhas irmãs era o "gineceu".

Eu estava sempre "voando as tranças" por aí. Ou seja, correndo, mas com um certo alto astral. O contrário de "sair ventando", que significava sair com muita pressa e com raiva, ou para resolver algo sério.

Nem meu pai nem minha mãe admitiam que lhes dessem "rabanadas", a não ser aquelas natalinas. Rabanada, lá em casa, é aquela virada de costas desaforada no fim da discussão, de sair rajada de vento e você deixar a pessoa falando sozinha.

Era raro alguém estar sempre de "maus bofes", mal-humorado. Se estivesse, tinha que "desmanchar" a cara ou "desamarrar o bode", porque ficar assim na frente das visitas era "modo feio".
Ou poderia ser coisa de quem não era "bem matriculado", maluco.

Coitados dos meus pais. Os cinco filhos. A Inteligente, a Exagerada, a Implicante, o Quieto e a Tagarela. Sim, eu era a Tagarela. Todo mundo era um pouco de tudo isso. Mas sabe como é. Em casa, também se constroem pequenos rótulos. Nada drástico ou que não descole. Por exemplo, Fulana adora marzipã. Só que não. Mas toda Páscoa ela ganhava.

A frase que talvez eu mais tenha ouvido na vida é "Mariana, não inventa, tá?". Porque eu sempre estava inventando moda, algo diferente para fazer, dizer ou, pior, ser!

Pensando bem, essa é a frase que mais ouço até hoje. Mas juro que não tô inventando. Pode perguntar pra qualquer um lá em casa. Se não quiser acreditar, azar, fresquinho!

PARTE UM

ALÉM DA PISTA

PRIMEIRA VEZ NA F1

Então lá fui eu.

Na bagagem de mão, mil papéis pra estudar.
Mais. Porque já tinha estudado bastante em casa.
E eu tinha tantos papéis porque, naquela época,
a gente não acessava a internet pelo celular.
Na Idade da Pedra, do celular a gente só ligava e recebia
ligação. Então imprimi tudo o que li e levei comigo.
O perfil detalhado dos pilotos e a história
de Nürburgring, o "Inferno Verde",
como Jackie Stewart apelidou o autódromo
que quase levou a vida de Niki Lauda embora
e foi cenário de histórias tenebrosas.
A F1 tinha um guri novo, que o Brasil chamava
de Rubinho. E o bicampeão mundial
Fernando Alonso começava a se irritar com ele.
O alemão Nick Heidfeld tinha tido um filho,
que batizara de Yoda. Kimi já tinha vencido três
corridas; Massa, duas; Alonso, duas;
e Hamilton-Rubinho, duas.
Eu teria pela frente todos aqueles caras,
mais os generais de galões dourados
Galvão e Reginaldo.
E a Globo queria ver se a aposta de me botar
como repórter de F1 daria certo.

**Nürburgring, 2007. Meu primeiro GP.
Foi bom.**

VALENTE ESCONDIDINHO

Sabe que eu ainda me surpreendo com a fúria louca das pessoas que se escondem atrás de um computador ou que se camuflam na multidão? Juro que ainda me surpreendo.

Lembro um episódio que aconteceu comigo há muitos anos. Início de carreira, ainda guriazinha, estava eu na frente de uma arquibancada grande em Interlagos, em São Paulo. Eu finalizava a reportagem gravando a passagem, aquele momento em que o repórter aparece com o microfone na mão. Durante toda a gravação, uma voz escondida na multidão gritava impropérios. Sempre o mesmo palavrão. Eu gravei duas vezes, o tempo todo imaginando que, ao fundo, seria possível escutar a voz daquela pessoa me xingando. É uma sensação horrível, não só pela gratuidade da ofensa, mas porque eu ainda era moleca, não entendia muito bem como as coisas funcionavam. E o texto da minha reportagem falava justamente da paixão de uma torcida pelo esporte.

Felizmente, no fim da minha última frase, consegui ver o cara que me tecia elogios tão galantes. Quando o câmera desligou, eu disse: "Pincel, vem comigo". Lembra disso, Pincel? Subi pelo meio da arquibancada, abrindo espaço entre as pessoas, até chegar ao educado rapaz. Sentei ao lado dele e perguntei por que ele gostava de automobilismo, se ele sentia falta de um Senna no esporte, se ele achava bom torcer com as outras pessoas. A voz tão potente do bárbaro que tinha exibido sua macheza para todos virou um fio. Um arremedo de guri de olho esbugalhado, titubeante e envergonhado. Juro que não entendo essa agressividade escondida no escuro do quartinho, debaixo das cobertas, entre os amiguinhos, no anonimato da massa.

SENHORAS DE SINGAPURA

Confuso horário. Aqui estamos, seis horas à frente de Mônaco, onde moro. Onze horas à frente do Rio, com quem trabalho. E não há chance alguma de adaptação ao horário da natureza em Singapura, porque os treinos e a corrida serão à noite. Isso significa que o nosso trabalho começa por volta das quatro, cinco da tarde e termina de madrugada. Logo, nosso tempo para dormir é de manhã e parte da tarde. Dizem que o melhor é tentar manter o horário europeu. Eu confesso que me enrolei. Então resolvi fazer o meu horário. Às vezes, durmo com uma ajudinha comprimídica. Ao acordar, vou ao delicioso restaurante chinês do hotel, como dim sum espetaculares, tomo um litro de chá-verde e saio pra vida, pra apurar, conversar, escrever, gravar. Aí a fome bate nos horários mais loucos. Tento me segurar até o diabo da Tasmânia que habita em mim se soltar. Então, tento não ferir ninguém e devoro alguma coisa. Desisti de manter qualquer lógica de horário. Você conseguiria? É muito difícil. Minha única certeza é a de que tenho que dormir, pelo menos, sete horas por dia. De resto, vai do jeito que dá. Vamos ver o estado em que chegarei ao Japão. Que Mazu, a Iemanjá de Singapura, me ajude!

Pousei em Singapura para o Grande Prêmio de F1 e, na plataforma que liga o avião à terra firme, já senti o cheiro e a temperatura do Oriente. Aquilo me fez sorrir sozinha e caminhar mais animada. Cheguei ao hotel, deixei as minhas coisas e fui comprar uma peça de seda, como sempre faço quando estou por aqui. Achei a mesma loja em que comprei nas últimas duas vezes em que estive aqui. Logo reconheci a vendedora e perguntei sobre a outra senhora muçulmana que também tinha me atendido da outra vez e era muito simpática. As duas vieram me atender, com lindos lenços de seda coloridos na cabeça. Aqui, elas usam hijab de cores leves. Uma com traços mais árabes, a outra mais malaia.

Me mediram, me ajudaram com o tamanho certo da peça pra fazer um vestido assim ou assado. Conversamos e rimos. Uma delas lembrou que, na última vez, eu estive aqui por causa da F1. Quando eu falei meu nome e perguntei o delas, Rose, a malaia, sorriu e contou que a filha dela se chamava Maliana. O nome era esse mesmo, com L. Zaza me deu um beijo e um abraço de almofada na saída. Eu disse que voltaria pra tomar um chá com elas qualquer hora. "Bye bye, Mariana", ouvi, já na calçada, do lado de fora da loja. Adorei. Me senti uma local.

Normalmente chego dolorida de longas viagens porque tenho hérnia de disco. Dessa vez, eu estava apenas com um pouco de dor de cabeça. Correria, fuso horário, ar seco do avião... Marquei uma massagem. Aqui não é caro. Tinha ayurvédica. Pedi. Essa massagem, especialmente o tipo shirodhara, é a mais impressionante que já recebi na vida. Foi na Índia. Depois dela, eu, que tenho sono agitado, dormi feito um bebê durante um mês. E durante dois não tive enxaqueca, a bigorna que carrego no DNA desde a minha avó. Foi maravilhoso. Me lembro de sair como se tivesse tomado um calmante, mas sem ficar boba. Apenas calma. Relaxada. Foi em 2011. Depois disso, nunca mais. Tentei dezenas de lugares e pessoas que diziam fazer massagem ayurvédica, mas não era. Assim como tem gente que diz que faz shiatsu e não faz.

Cheguei na expectativa de mais uma massagenzinha normal, com nome fantasia. Até que levantei a cabeça e ali estava ela, Bindu. Com olhos de castanha, um ponto de tinta vermelha entre eles e um sorriso branco e franco. Ela juntou as mãos, num gesto de amém, e me disse: "Hello, welcome". A recepcionista mostrou minha ficha a Bindu, mas ela não se interessou e, meio impaciente, perguntou apenas se eu tinha algum problema físico ou se tinha feito alguma cirurgia antes. "Ou essa massagista é ruim demais, ou ela sabe exatamente o que está fazendo." E ela sabia. Bindu é uma indiana grande. De mãos graúdas e quentes, Bindu é uma colherada de sopa naquele brigadeiro ainda morno na panela. Não é leve e transparente feito água com perfume de lavanda. É densa, ondulada, e usa óleos com cheiro de sementes e ervas.

A impressão é de que ela massageia músculos, pele, sangue, órgãos, o coração, o cérebro, o espírito e os pensamentos.
Tudo de maneira fluida e abrangente.

Não fiz a massagem shirodhara, mas a abhyanga. Contei a Bindu do efeito da shirodhara em mim e ela me falou de um tratamento de cinco dias que poderia me livrar da enxaqueca praticamente pra sempre.
Mas eu teria que ser internada num hospital em Kerala. Fiquei contente em saber que esse tratamento existe, apesar de eu não ter planos de ir pra Índia por enquanto. Mas vai que encontro por aí um hospital com médicos ayurvedas... Não custaria nada tentar. Quem sabe.

Levantei zonza da mesa de massagem. Com suas mãos quentes, grandes e fofas, Bindu botou a mão na minha testa, depois no peito, então me balançou e estalou meu pescoço (algo que nunca deixo fazerem).
Por fim, segurou meu pulso e, como uma tia querida,
me levou até o vestiário, dando umas recomendações que eu tinha pedido sobre o que comer. Vim pro quarto toda enroladinha.
Só faltou botar o confeito de chocolate e a forminha pra ir nanar.

A PRESSA DE VIVER

Quando viajo, às vezes me dá uma pressa estranha. Na verdade, é uma fome. Uma vontade de ver tudo e muito. Não é passar correndo pelos monumentos históricos ou museus, é abraçar as oportunidades que passarem pela minha frente.

Vivo coisas incríveis, mas já rolaram alguns enganos.

Tínhamos alguns dias livres entre o Grande Prêmio da Austrália e o do Bahrein e resolvemos ficar em terras aussies naquele intervalo.

Estávamos no McLaren Vale, que, embora tenha esse nome, nada tem a ver com Bruce, o neozelandês que fundou a mítica equipe de F1 com o seu nome. É uma região que fica no centro-sul da Austrália e é famosa pela riquíssima produção de vinhos shiraz, um dos meus favoritos.

Animada com as praias, os lindos vinhedos guardados por cachorros peludos simpáticos, as pessoas acolhedoras com zero frescura, descobri algo curiosíssimo. O papelzinho do hotel mostrava uma fazenda ali perto que produzia microberries!

Imaginei mínimos moranguinhos, mirtilozinhos e microframboesas de um gosto muito particular e intenso. Arrastei Jayme pelo braço e chegamos quase que a galope ao endereço pra encontrar... uma cervejaria. Uma pequena cervejaria artesanal, cujo nome em inglês é microbrewery.

Ansiedade em ler os folhetos, avidez por novas experiências.

Já fui parar também num show de dança tailandesa com mais de vinte artistas em que os únicos espectadores da imensa plateia eram Jayme e eu. Obviamente tivemos que assistir a todos os números até o fim. E aplaudir depois de cada apresentação. Só nós dois. Só dois pares de mãos. Foram cerca de dez músicas. Uma armadilha para turistas que se transformou em uma morte lenta e torturante até o último suspiro, perto de Bangkok.

No voo de volta pra casa, um senhor elegante com cara de italiano passou pela minha cadeira e deixou uma leve brisa de perfume. Ele usava uma camisa bem cortada, calças bem ajustadas, mas o cinto prendia um lenço branco pra fora da roupa, na parte de trás. Apertei os olhos para enxergar melhor o que era aquilo e, antes de avisá-lo, identifiquei que o lenço era, na verdade, a tripa restante do papel higiênico, cuja outra ponta havia ficado presa dentro dos fundilhos. Resolvi ficar quieta.

Essa gente afoita, viu... Nunca vou entender.

SONHOS MIRABOLANTES

1

Bom dia. Sonhei que tinha feito a pole.
E, no dia seguinte, fui convencida por Alonso a correr
e ganhei o Grande Prêmio de Mônaco numa Ferrari!
A entrega de prêmios foi na Muralha da China,
mas eu não participei porque me perdi.

2

Ayrton tinha acabado a corrida, empapado de suor — e champanhe, claro. Vitória. Estava exausto, totalmente consumido pelo esforço em Mônaco. Eu, que era sua namorada, o ajudava a tirar as meias totalmente molhadas e imundas. Grudadas nos pés. Ele mal conseguia chegar com as mãos até as canelas. Estava no mesmo estado em que terminou aquele GP do Brasil, sem marchas, em 1991. Enquanto isso, reclamava comigo: "Aquela mulher nunca falou comigo, mal me cumprimentava, e agora que eu sou famoso fica querendo ser amiga. Acho isso o fim. Que saco. Por que agora ela fica atrás de mim? Nunca gostou de mim".

"Ayrton, não dá bola pra isso. Não vale perder tempo com quem não tem importância. Deixa isso pra lá. Levanta mais o pé que assim eu não consigo. Isso."

Acordei quando consegui tirar os dois pés de meia do Ayrton.

Será que eu tô trabalhando demais com F1?

BISCOITINHOS JAPONESES

**Era de manhã bem cedo.
Cheguei à estação de Shiroko adiantada meia
hora pra pegar dois trens até Tóquio.**

A semana do GP do Japão tinha sido dura, tivemos
que superar probleminhas e problemões todos os dias.
Nem unzinho foi tranquilo. Definitivamente não houve
tempo pra curtir, sequer apreciar o Japão como o Japão merece.
Com calma. Mesmo que seja uma cena ou um cenário.
É preciso ter calma pra ter prazer.
Essa terra ensina isso.

Não houve tempo para um banho quente de ofurô antes
de dormir, comum mesmo nos hotéis japoneses mais simples.
Não deu pra parar e prestar atenção na paisagem,
num enfeite, na delicadeza das pessoas.
Tudo foi visto de passagem de dentro do trem-bala.

Mariana. Olha! Gostei! Mas não dá agora.
Cadê o Schumacher? Alô? Não tô ouvindo, dá mais retorno.
Quando o Takuma Sato subiu ao pódio mesmo?
Me alcança aquele papel ali com os resultados que eu ponho
entre os meus tentáculos, junto com o microfone, a caneta,
o caderno, a tevezinha pra acompanhar a corrida, o rádio,
os fones, o celular, as estatísticas... Caiu.
Quê? Não ouvi o que ele disse! Não posso perguntar no ar. Hein?
Ah, tá. Já sei! Já sei, já sei. Descobri. Cadê o Schumacher?

Terminava o dia toda descabelada, amarrotada, sedenta e
faminta. Matava a fome e a sede ainda de uniforme e credencial.
Podre, tomava banho e dormia.
Dia seguinte, tudo igual.

Então, imaginem o meu prazer quando, na única loja de conveniência da pequena estação, comprei uma caixinha bonitinha, não sei bem com o quê dentro. Estava tudo escrito em japonês.
Mas estava na prateleira de bolinhos, biscoitinhos e docinhos.

No último trem, mais longo, coloquei o embrulho no colo.
Mais parecia um presente. Branco e cheio de pequenos desenhos e letrinhas verdes em kanji. Desembrulhei o pacotinho com cuidado.
A caixa era ainda mais bonita. Na tampa, uma pintura pequena e delicada de um japonês montado em um burro com sua mulher e a filha sentadas em cestas presas ao animal. Uma de cada lado do lombo do bicho. E o burrico sendo levado por um homem.
Que delicadeza!

O biscoito deve ser ruim. Só pode.

Abri a caixa e encontrei, enrolados em frágeis papéis de arroz com ideogramas japoneses, uns pacotinhos enfileirados.
Cinco em cada fileira. Dentro de cada um havia cinco biscoitinhos, como pastilhas amanteigadas, fininhas, sequinhas e doces.
Lentamente, olhando a paisagem,
comi os biscoitos um
por um, sorrindo.

Cheguei.

Cheguei a esse lugar que eu amo tanto.

JAPÃO DEPOIS DO AUTÓDROMO

Estava um calorão em Suzuka. Uma barulheira, uma montoeira de gente, uma loucurada engraçada de fãs de F1, apaixonados, num frenesi com a possibilidade de um novo campeão.

De repente, o ar fica fresco e ninguém fala a minha língua. Quase ninguém fala inglês também. E, muitas vezes, quase ninguém fala. Revisitei o silêncio. Mas um silêncio que havia muito não escutava.

Café da manhã às 7h30. Sempre entre 6h30 e 8h00 no ryokan em que eu estava. Ryokan é um tipo de pensão japonesa tradicional, com quartos orientais tradicionais.

Com a viagem e os passeios, acabei, surpreendentemente, dormindo às 20h00. A última vez que olhei no relógio eram 19h40.

Acordei às 6h, com a luz do sol que iluminava o jardim e era filtrada pela janela de papel de arroz do meu quarto. Fiquei em silêncio ouvindo o mundo, que também estava mudo. Mesmo não dormindo, eu não dizia nada, não me mexia. Música, só a do rio.

**Há quanto tempo não vivo isso?
Ficar quieta ao nascer do dia e apreciar o silêncio.**

Foi algo de outro mundo. Na minha caminha de futon posta sobre o tatame, olhei para o teto de madeira escura e sorri. Aproveitei para meditar por quinze minutos e então fui à luta. Não sem antes tomar um café da manhã que mais parecia um almoço. Mil pratinhos com coisinhas diferentes. Missoshiro, arroz, peixe, salada e hoba miso, uma mistura de pasta de missô com legumes e cogumelos sobre uma folha que parecia de amendoeira. Essa folha é aberta sobre um réchaud de barro e serve de chapa para tostar os alimentos em cima dela. Hoba misso, uma dili!

Como eu já tinha consultado a previsão meteorológica do dia, fiz programas a céu aberto. Uma caminhada de quatro horas visitando templos, antigos casarões e até uma floresta.

Vi um lugar incrível. Um tipo de coreto, mas não era coreto. Era um lugar todo de madeira, enfeitado com pinturas de cavalos (figura de sorte na região), no alto de uma colina, feito para ver a lua. Pena que era de dia e estava chovendo. Mas, pô! Um lugar como esse pra ver a lua?
Que maravilha!

Depois, me perdi. Claro.

Achei o rio e segui curso acima porque sabia que iria chegar a algum lugar. Batia uma chuvinha fina e fria.

Aonde eu cheguei?
Numa produtora e vendedora de saquê. Experimentei váááários tipos e comprei uma garrafa pro jantar.

Ai, ai... Depois comprei mais algumas meias com coelhinhos, ursinhos, cachorrinhos. Acho que deu uns dez pares de meias novas. Comprei flores pra dona do ryokan, que tinha sido tão delicada comigo. Só que entreguei pra mulher errada.
Enfim. "Zuzo zerto"... Ela ficou "contentze".

Tim-tim!

Ops!
Aqui não pode dizer, porque significa peru.
Não o bicho.
Kampai!

BANHO PÓS-GP

Sai do banho, põe uma meia no pé direito, a camisola e a outra meia no pé esquerdo.

Quando eu era pequena, me disseram que a gente deixa o quarto muito bagunçado quando estamos bagunçados por dentro também.

Tá bom pra senhora ou quer que embrulhe?

GP DEPOIS DA REVOLUÇÃO

Do aeroporto de Manama, capital do Bahrein, direto ao supermercado. Ficaríamos hospedados num aparthotel, então era bom ter algo na geladeira. Depois de uma longa estadia na China, estava com saudades de frutas. Comprei mangas da Índia, do Marrocos, uma maçã libanesa, uma melancia pequena e uvas. Tâmaras e uma geleia de rosas. Aproveitei e já botei na cesta também o jantar: homus, fatuche, tabule, pão pita, salada de queijo com folhas de hortelã. Passei pelo curioso corredor de arroz. Assim como nos mercados da França, onde existe uma seção inteira dedicada somente a iogurtes, em Manama tinha uma só pra arroz. Árabes, indianos e paquistaneses precisam de arroz nos seus pratos diários.

No caminho do caixa, cruzei um corredor ainda mais curioso: de abayas, burcas e roupas para mulheres rezarem, no preto tradicional, coloridas e com florzinhas miúdas.
"Roupa para rezar", estava escrito na etiqueta da promoção.

No caminho para o apart-hotel, me lembrei de quando estive em Manama no ano seguinte ao da chamada "Primavera Árabe" e do massacre na Praça da Pérola. Não sabíamos o que iríamos encontrar naquele GP. O apart era cercado por bairros xiitas sob um governo sunita em crise. Tranquei a porta do apartamento. E a do quarto e a do banheiro. Dormi alerta a qualquer barulho.

Tomei um banho demorado pra deixar a China pra trás definitivamente. Botei o pijama e jantei na frente da TV, como se estivesse em casa, vendo um documentário sobre os antigos caçadores de pérola do Bahrein. Esses mergulhadores tinham mostrado ao mundo, bem antes dos japoneses, essa "pedra preciosa" do fundo do mar. Depois veio o petróleo, outra "pedra preciosa", e tudo mudou por aqui.

Queria ter vindo naquela época.

CAVALGADA NO BAHREIN

O estalo me ocorreu na sexta-feira do Grande Prêmio do Bahrein. No autódromo mesmo fui procurar alguém que me indicasse um lugar pra andar a cavalo e ver os verdadeiros e exuberantes cavalos árabes. Afinal, estava nas Arábias! Caipirinha é no Brasil, flamenco é na Espanha, pastel é na minha avó e cavalo árabe é aqui.

Eu estava meio enlouquecida, como sempre fico em dias de GP. Treino, entrevistas, apuração, horário de satélite.
Mas apostei em um repórter árabe que sempre via por aqui na sala de imprensa: Hassan. Olá, tudo bem? Me chamo tal e trabalho pra tal, sempre te vejo por aqui. Estava pensando se poderias me ajudar... O homem, vestindo kandura e ghutra (túnica branca e lenço), parou por um momento de escrever um artigo em seu laptop com teclado árabe e, simpático, fez sinal para que eu me sentasse.

Já começou ali o aprendizado. O povo aqui não tem pressa, e o tempo da conversa é importante.
No ritmo prático e um tanto distante do Ocidente, estamos acostumados a perguntar logo, responder rápido e sair andando em marcha atlética. O homem falava baixo e tranquilo, e percebi que, se eu quisesse a informação, teria que reorganizar meus próximos pit stops e conversar.

Afinal, eu estava pedindo um favor. Ao contrário do que se poderia imaginar, não fiquei mais aflita com a situação. Me acalmei.
Falei um pouco de mim e por que queria aquilo, e ouvi dele referências sobre um amigo e o que ele pretendia fazer. Falemos amanhã.

Falei. E ele confirmou. Quando você quiser, e pode trazer amigos.

Segunda-feira. Meu voo estava marcado para aquela noite, e eu teria tempo de sobra. Fiquei contentíssima... e apreensiva. Oba! Mas quem será o meu anfitrião? Onde será? Posso ir sozinha? Sabia que ninguém da minha turma ia topar. Intimei Jayme, que tem uma relação peculiar com cavalos, apesar de ter montado muitos anos. Ele trotou meio de lado, torceu o pescoço, mas acabou aceitando o "convite".

Hassan me indicou Mohamed. Falou que ele era criador de cavalos, um grande amigo e que me receberia com o maior prazer. Não, não tem que pagar nada e pode levar quantas pessoas quiser. Ele só precisa saber se sabem montar ou não, me disse o repórter de túnica branca e keffiyeh, aquele tecido que cobre a cabeça. Jayme sabe. Eu também, mas menos que ele. Olha, aqui tá o telefone dele, você pode combinar tudo diretamente com o Mohamed.

Eu? Posterguei. Adiei. Depois da entrevista. Depois do texto. Depois disso e daquilo. Até que me dei conta de que era coragem o que me faltava. Fiquei apreensiva pelo fato de ser mulher, com medo de algum mal-entendido, receosa de não compreender bem a conversa. Na quarta pergunta, me mandei calar a boca e liguei pro Mohamed.

Ele foi muito gentil e repetia sua fala, paciente, toda vez que eu não entendia o inglês do seu Elias, do Sítio do Picapau Amarelo, que trocava P por B e deixava todas as vogais com som de E. Desliguei o telefone sorrindo. Tudo certo, combinado, e ele ainda viria nos buscar no hotel!

Um homem moreno e grande, de abrigo da Nike, tênis e óculos grandes
e dourados, chegou numa picape vermelha. "É ele?", perguntou o Jayme.
"Eu não tenho a menor ideia! Mohamed?" Tomei a dianteira.
Ele espichou o braço para apertar minha mão e nos apresentamos.
Muito sorrisos e... "Você vai atrás", murmurou o Jayme, e eu concordei
na mesma hora. Não é hora pra arranjar peleia de cachorro pequeno.
Me sentei no banco de trás.

Fomos conversando o caminho todo. Mohamed, simpaticíssimo,
falava e ouvia o Jayme e a mim com igual interesse e educação.
Contou da família, dos filhos, dos cavalos. A filha mais velha estudava
medicina na China, o único filho fazia intercâmbio no Texas, e ele tinha
ficado apenas com a pequenininha, de dez anos, em casa. Tinha saudades
e se preocupava com o guri, sozinho, morando em casa de família no sul
dos Estados Unidos. Pensei cá comigo que era uma combinação audaciosa,
mesmo, o adolescente árabe naquele território.
Mas torci para que a paixão e o conhecimento sobre cavalos os unissem.

O haras era todo claro, o céu do fim de tarde começava a ficar rosa,
e nossa recepção já foi impactante. Correndo bem louco e animado,
pulando e sambando feito um cachorro agitado, o cavalo árabe mais
bonito que já vi. Todo branco, crina longa e cheio de personalidade.
Ele dava uns pinotes, corcoveava, meneava a cabeça de nariz empinado
e jogava os cabelos longos de um lado para o outro.
Uma mistura de roqueiro heavy metal com garota do Fantástico.
Vinha desabalado e travava em cima da cerca, de cara pra gente,
assoprava pelas ventas com a potência de um jato e, cheio de requebrado,
fintava alguém invisível no meio do picadeiro. E o mais surpreendente:
ele era *ela*. Não era nenhum garanhão. Uma eguita marota,
que me mostrou que essa raça é quase um outro bicho.
Dentro do estábulo, cada morador tinha uma maniazinha.
Curiosos e cheios de poses e beiços e mordiscadas, na medida pra brincar.

Eu não montei num árabe, mas numa égua de salto de um metro
e oitenta. Forte, grande e tranquila, parecia que eu cavalgava uma imensa

onda do mar. Jayme pegou um árabe que havia sido cavalo de corrida,
tão teimoso, voluntarioso e viciado no starting gate que,
se fosse eu ali em cima, teria sido jogada no chão.

Nosso anfitrião era um centauro. Árabe sobre árabe totalmente à vontade.
Andamos muito tempo pareados, e a conversa foi sempre boa e atenciosa.
Galopamos na praia, contemplando o pôr do sol. Realizei um sonho antigo.

Voltamos para o haras e Mohamed nos apresentou aos quatro cunhados.
Tomamos chá ao anoitecer. Fumamos narguilé com essência de menta
e conversamos, rimos e, Insha'Allah, agradecemos pelas oportunidades
da vida.

Hoje recebi dele umas fotos de camelo.
Acho que causamos uma boa impressão.

UM PRESENTE EM FLORENÇA

Eu tinha que comprar um presente.
Tinha uma hora pra isso, além de visitar a cidade.

Marchava a caminho das lojas, cruzando as ruas de Florença,
olhando tudo de relance e pensando no futuro do pretérito.
Ai, adoraria entrar ali, que legal seria ver, teria que provar
aquilo… Mas depois eu faço, depois eu venho, depois eu cheiro.

Resoluta e germânica andava eu, até que passei na frente
de uma igreja escura, de fachada suja, escadas abandonadas,
e ouço um acorde de órgão. No presente. Ouço.
Não tem mais futuro nem pretérito. Ouço e paraliso.

Mudo o rumo instantaneamente, entro na igreja. Vazia.
Não chego a me sentar. Sigo o som do órgão. Bach. Dou mais uns
passos, mas não consigo ver direito o organista lá em cima.
Fico parada em pé.

A música me invade até que meu cérebro grita:"Vamos?!".
Dou meia volta e saio da igreja... com o coração doendo.
Dos degraus que levam à calçada, leio na coluna da entrada que o concerto será no dia seguinte, num horário em que vou estar trabalhando.
"É o ensaio", pensei. Olho para trás, para dentro da igreja, e noto que na porta tem uma caixinha de doação, para reformar a fachada e arrumar o órgão. Volto pra pelo menos deixar uma grana. Acho que ninguém ajuda. É o mínimo que posso fazer. Faço a minha contribuição ali, a dois passos da entrada, mas dentro da igreja. Dois passos dentro da boca do lobo.
Não dá mais pra voltar atrás.

Bach faz tremer os alicerces daquele lugar, e a *Toccata e Fuga em Ré Menor* toma conta de tudo o que está lá dentro, inclusive eu. Não consigo mais sair. Até meu cérebro concorda:

"É, agora não dá mais".

Entro lentamente e sento em um dos bancos de mogno do meio pra frente.
Fico ali, sozinha. Uma, duas, três, quatro, cinco músicas.
No intervalo entre elas, eu respiro e ouço pequenos estalos de madeira e uma virada ou outra de página das partituras lá em cima.
Não consigo ver o artista. Desisto de tentar e fico ali sentada, olhando pra o altar, pra as pinturas descascadas, pra os afrescos e para dentro de mim. Lembro do meu pai, que trabalhava na nossa casa, consertando as venezianas e ouvindo músicas como aquelas. Minha mãe lendo.
Minhas irmãs entrando e saindo pela porta da frente.
Meu irmão tomando café lendo *Tex*. Eu pequena... eu adolescente... eu grande... E agora eu e Bach aqui de novo. É bom.

Mas tenho que fugir.
Em Sol maior.
Porque isso tudo me faz muito bem.

Viva Florença.

ANITA EKBECKER

Estou deixando Roma. Estou no lobby do hotel, mas preciso registrar minha impressão. Mesmo que breve.

Andamos muito na rua aqui. De um lado para o outro, descobrindo Roma. De um jeito que me sinto sempre devendo. As visitas são superficiais, já que temos sempre tanta pressa. Leio rápido, me lembro de referências antigas. Livros, aulas, conversas, filmes... Mas não há tempo para contemplar, pensar, entender. Olha, a Fontana di Trevi. Netuno com os cavalos- -marinhos simbolizando o mar bravo e o tranquilo, Anita Ekberg dançando, molhada nas águas da fonte, Fellini... Hein? Trocar a bateria? Tá aqui. Nossa, o Coliseu, combates mortais, a sociedade torcendo aos gritos, o imperador Tito Vespasiano mandando matar ao fim da luta. A "civilização" que se impunha ao mundo. Pobre leão, uma sangueira desgraçada. Ai, os japoneses passaram na frente da câmera. Será que um take lá de cima não é melhor?

Ainda assim, me preocupo com a luz, com o tempo, com o microfone, com a entrevista. É impossível não ser alvejado por Roma. É isso mesmo. Me sinto alvejada. É rápido, direto, nos atravessa sem qualquer possibilidade de bloqueio. Estou totalmente fascinada. César botou o dedão pra baixo e eu fui abatida. Roma é espetacular e espetaculosa. Tudo no superlativo. Grandiosíssima, lindíssima, antiquíssima, cheiíssima, engraçadíssima, vivíssima.

Os romanos são divertidos. Não viram ali na foto com César e o general? Morremos de rir — os dois atores vestidos de César e Marco Antônio, o cinegrafista e eu — enquanto inventávamos poses. Os dois malucos, o cinegrafista e eu. Achei que seria algo rápido e pá: é tanto. Nada. Ficamos inventando poses, rindo, falando bobagens. Quanto é? Quanto quiseres dar. Jura? Uma colega repórter italiana tinha me dito mesmo que os romanos não põem o trabalho em primeiro plano em suas vidas. É preciso saber viver, curtir um pouco.

Titãs de mármore com músculos tão fortes e pele tão macia
quanto a de qualquer mortal. Césares imponentes nas calçadas.
Quanta gente aqui já mandou ou quis mandar no mundo.
Os imperadores, os papas, Mussolini... Enquanto isso,
Michelangelo inventava, construía, pintava. Que lugar!
Devia ser incrível morar aqui antes da invasão dos turistas.
Como eu. Já pensou? Acordar de manhã e tomar café olhando
a Fontana di Trevi. Namorar ouvindo as águas da fonte.
Molhar os pés ali durante o verão...
Pode me chamar de Anita a partir de agora.

Nós tínhamos dicas de restaurantes não turísticos.
Precisávamos provar a alcachofra frita, o bacalhau,
a pizza fininha, a puntarelle, a pasta assim ou assado,
o queijo pecorino com mel. Fomos a trattorias e restaurantes
onde os romanos costumam ir. Não os alemães.
E, mesmo cheios, sempre se arranjava uma mesa.
Sabe aquela conversa mole do dono do restaurante ou do garçom,
pra fazer bonito? Aqui é de verdade. Mostra foto no celular
com a casa de verão. Ri da mesa ao lado.
Faz referência às belezuras que acabaram de passar.
"No, signora, non si preoccupi!" Quando se pergunta do Papa,
a gente nota que é uma referência sempre próxima.
Mesmo que bem-humorada."O nome dele tinha que ser
Francisco II, porque o primeiro é o Totti, o meia do Roma."
Apesar de argentino, o santo padre é de origem italiana,
que fique claro.

Enfim, tenho que correr: Nápoles me espera!

APETITOSA MARANELLO

Jantar num restaurante italiano depois de um dia inteiro de trabalho é como colo de mãe em dia frio.

Peguei muitos trens pra chegar aqui. Uma névoa densa gelava os ossos. Acordei cedo e fiz a cobertura do lançamento do carro da Ferrari. Estava marcado para as 10h25. Isso quer dizer que a cobertura cobriu o almoço como se ele fosse apenas uma formalidade.

Às oito e meia, cheguei ao Montana sozinha e faminta com minha alma de bracinhos pra cima e olhos procurantes por alento.

E aí...

Chegou o vinho. A água mineral. Era com gás, não é, senhora? É. A cada "senhora" eu me concentrava mais no texto francês de uma edição da *Vogue*. Exigia de mim mais foco e menos amor.

Aí chegou o tagliatelle al ragù bolognese e o amor entrou pela boca. Não há italiano que se livre da fase oral com essa comida. Pelo amor de Deus! Ou da Virgem Maria. Foi feito pela mãe. Mesmo que a mãe não cozinhe bem. Se cozinhasse, seria assim. Parei um pouco de ler. Olhei em volta. Mas à minha frente havia só uma mesa longa, cheia de alemães. Nada contra. Olha o meu sangue. Mas alemães por aqui, nada a ver. Aliás, já foi o tempo, me lembram as fotos de Schumacher com a cozinheira na parede. Com a Rossella. Voltei à revista.

E aí... e aí eu ouvi. Che mangia, Mariana? Era o dono. Marido da Rossella. Quase morri. Mããe! Não, paai?! Coisa mais querida. Ele lembrava meu nome. Estive aqui havia tantos meses. Era verão ainda. Devia ser junho, julho.

Ele queria saber se eu tinha pedido certo. Tinha, sim. Tinha vitello ainda por vir. Voltei à *Vogue*.

Era muito bom o artigo sobre ser um estrangeiro em Nova York.

No meio do vitello, veio ele de novo. Tá bom? Tá, como sempre! Eu tava com tanta vontade de vir aqui. Ah, mas que bom, Mariana. Gostou do carro novo da Ferrari? Gostei. Tá lindo. Conversamos um pouquinho e eu segui escolhendo batatinhas, cenouras e outros cortes da carne. Não consegui mais me concentrar no texto. Desculpe, *Vogue*. Desculpe, colega... Garance Doré. Mas era hora de colo, e nessa hora Nova York e costumes franceses ficam muito distantes.

Quando tirou o prato, o jovem e barbudinho garçom sugeriu: daqui a uns dois minutos, tentemos uma sobremesa? Tem isso e aquilo.

Eu me senti em casa. Querendo prolongar o jantar, pedi: dá pra ser em três minutos? Com um sorriso cúmplice, ele fez a tréplica: cinco minutos, façamos assim. Isso. E nunca mais vou pedir a conta.

A noite acabou com um espresso e a Rossella me fazendo sentar de novo pra bater um papinho antes de ir embora.

MOTEL COREANO

Coreia? Não dá pra dizer muito. Estou isolada numa pequena cidade chamada Mokpo. Saio de manhã para o circuito e volto à noite. Janto e durmo. **NUM MOTEL!**
Não, eles não estavam preparados para receber a turma da F1. E hoje, três anos depois, continuam a não estar. Não tem hotéis pra todo mundo e, portanto, a turma se instala em motéis de categorias diversas. Um dos divertimentos é encontrar os colegas de manhã, no autódromo, e comparar as experiências.
Espelho no teto, canais apimentados. Alguns não têm lençóis, outros não têm lençóis limpos.
O meu é até razoável, exceto o sabonete usado me esperando no chuveiro, onde não me arrisco a pisar sem chinelo.
E as toalhas furadas, mas elas são tão duras que tenho certeza de que foram lavadas. Tem duas, mas uso só uma.

Diminuo em 50% as chances de alguma surpresa desagradável me acompanhar na volta para casa. Ao lado da cama, um spray mata baratas me lembra de que minha noite sempre pode ser movimentada. E não pelo tipo de movimento que se esperaria, dado o lugar onde estou.

Dizem que Seul é legal. Boa noite.

NA RUA COM LI HUA

Hoje fui ao autódromo, cedinho, pegar um equipamento.
Depois, convidei Li Hua, a minha motorista aqui na China, para almoçar no melhor lugar de dumplings de Xangai. Aquela trouxinha de massa muito leve com um recheio que solta um caldinho e invade a boca na primeira mordida.

Cuidado, muito cuidado, porque é quente, disse Li Hua. Fui com cuidado, pauzinhos segurando o travesseirinho e uma colher pequena de porcelana embaixo pra não deixar cair o restinho do caldo. O primeiro dumpling era de porco. Delícia. Pedi uns espinafres pra rebater. O segundo era de porco com barbatana de tubarão. Sei que é errado. Não pediria se soubesse desse recheio. Mas pedi porque estava em chinês, e a cara era boa. Infelizmente, o recheio era ma-ra-vi-lho-so, não posso negar. Pela madrugada! Só de pensar já fico salivando.

E olha que, no momento em que escrevo esta crônica, acabei de jantar um pato laqueado.

De volta ao meu almoço com Li Hua, pedi um chá de jasmim. Ela me disse: "No, no, no. Des-pede". Achei que havia feito algo errado, como botar azeite de oliva na boa mozzarella, como me ensinou um italiano. Então, veio água quente. Um costume comum aqui é servir um copo de água quente. Perguntei: "Por que não tomar chá?". "Porque é caro." Pô, era isso? Pede o chá, Li Hua. Voltamos ao jasmim. Gosto de me acostumar com os hábitos alimentares locais. Faço minhas refeições com chá, como eles. Mas não como cabeça de pato pela rua. Vi duas meninas chupando e mordendo duas cabeças, com bico e olho vazado, como se fossem duas maçãs do amor. Quase morri.

Chamei Li Hua para ir comigo a um templo de monjas que tinha ali perto. Minha amiga Camila, que mora em Xangai, já tinha me falado desse lugar. Caminhamos até lá. Li Hua atravessava todas as ruas de mãos dadas comigo. Aliás, sem as luvas, notei que ela usava aliança. Li Hua tinha um namorado havia oito anos. Bem bonitão. Grisalho, magro. Ela me mostrou a foto no celular depois de eu insistir muito.

Li Hua seguiu se surpreendendo com meu interesse pela cultura do seu país. Ela ria e batia na minha perna contente cada vez que eu sugeria ir a um restaurante chinês mais popular ou a um templo como aquele para onde estávamos indo.

Parei para comprar incensos de oferenda.
Ela fez questão de pagar os meus e os dela.

"Me" é uma das únicas palavras em inglês que ela sabe.
Ela me chama de Me (Mi), e a ela mesma de You.

Me quer mesmo incenso? Ela aponta pra a banquinha. Sim, eu quero. "Me" também serve pra "né", "vai", "mesmo"... qualquer confirmação do que eu vou fazer. Quero ir ali, Li Hua. "Me?". É, eu quero.

O templo era pequeno, mas cheio de figuras religiosas.
Catorze só na primeira sala. Grandes estátuas douradas.
No meio, um buda mulher. Li Hua se ajoelhou de mãos juntas em prece e se abaixou, encostando a cabeça na almofadinha do chão três vezes. E assim ela fez, e eu atrás, para cada uma das entidades. Confesso que no início me deu uma certa impaciência. Era imagem demais para eu reverenciar com a testa no chão. Mesmo assim, percorremos o templo, todo o lado esquerdo, lentamente. Fizemos a volta, entrando e saindo de jardins, subindo as escadas, entrando em salas, cômodos...
todos com estátuas. E aí fui me acalmando, dedicando meu pensamento àquele momento, o de cultuar a alma e sair do frenesi das ruas,

das comidas, das compras, das fotos, de ver tudo ao mesmo tempo agora. Aquele tempo era para isso, e o resto podia esperar. Pensei no meu avô que não conheci e sempre admirei, que fazia aniversário naquele dia, pensei na minha família, no meu sobrinho recém-nascido, na Li Hua, pensei em mim mesma, o que eu queria, do que precisava, a quem deveria agradecer, o que deveria mudar. Foi difícil acalmar minha cabeça. Bem difícil. Mas consegui e saí de lá mais lenta e menos ansiosa.

Seguimos para mais uma casa de chás, onde comprei um de rosas. E tomei muitos outros copinhos de chá enquanto ouvia Li Hua conversar com a dona da loja. O pessoal aqui fala alto, com a boca meio aberta, parece que estão brigando, mesmo não estando.

Eles também comem de boca aberta. Aproveitei que minha mãe não estava por perto e tentei, pra ver como me sentia. Não sei comer de boca aberta. Entra ar demais e cai tudo. Eles também arrotam e soltam pum em público. Ainda não tentei essa parte. Quem sabe daqui a uns dias. Mas acho que a minha mãe se materializaria em segundos, como um holograma de *Guerra nas Estrelas*. Posso até ouvi-la:

"Be wise, young Skywalker, remember your lessons".
Ou seja: mas o que é isso, minha filha?!

Li Hua tem uma voz linda. Ouvi hoje quando ela acompanhou uma das músicas que tocava no meu iPod. Sempre gravo músicas tradicionais dos lugares onde visito.

Também fomos comprar sedas e rendas, tal qual Marco Polo. Li Hua me mandava ficar quieta enquanto ela barganhava. Mandei fazer um vestido e uma blusa. Meu cinegrafista, o Baiano, disse que Li Hua leva um troco, mas não me importo. Ela vale.

Me, you, otér (hotel), por favor, xie xie.

BLOW DRYER

Sim. Aconteceu de novo. Essa foi a segunda vez, e espero que seja a última.

Para esses momentos em especial, eu sempre me concentro.

Vou explicar. É um desvio que tenho no caminho dos neurônios: quando vou soletrar, ao telefone, sempre acontece assim.
Não sei por que cargas d'água me vêm à mente as piores palavras para exemplificar as letras: B de bunda, M de merda, P de... enfim. A única que salva é a Nair. O automático de N é de Nair. Felizmente. O resto, eu demoro um segundinho a mais pra não dizer o que penso logo de cara.

Bem, eu tinha que fazer um pedido à recepção do hotel. Normal. Mas eu estava distraída, tinha acabado de sair do banho, estava lendo e-mails e simplesmente saiu: "Would you mind sending me a blow job, please?". Em tempo, blow job é boquete em inglês. É isso mesmo que você leu. Seguindo...

Saiu... Foi um quarto de segundo de silêncio que pareceu uma hora inteira. Então voltei à minha consciência plena, como uma alma que retorna ao corpo. Emendei, aos gritos:
"BLOW DRYER, BLOW DRYER, BLOW DRYER!".
Era um secador de cabelos o que eu queria.

O inglês ouviu, esperou que eu terminasse o ataque e respondeu, garanto que sem sequer levantar a sobrancelha: "Está na gaveta do armário do seu quarto, senhora".

SURPRESAS AUSTRÍACAS

No GP da Áustria, sempre ficamos em uma pequena pousada em Weißkirchen in Steiermark, uma cidadezinha a 15 quilômetros do autódromo. Hoje, a caminho do restaurante, passando pela igreja, ouvi um coral lá dentro.

Vão indo que eu encontro vocês lá.

Estávamos a pé. A turma seguiu e eu tentei a porta lateral da igreja, a da frente, e nada. Até que duas senhoras atrasildas passaram por mim, num correndinho, e disseram algo. Eu respondi que só queria ouvir um pouquinho, mas que estava tudo fechado. Elas falavam em alemão; eu, em inglês. Ainda assim, sem entender o que uma dizia pra outra, segui as senhoras por uma outra entradinha, e elas faziam sinal pra eu acompanhá-las.

Lá fui eu.

Entramos pela capela e cruzamos a imensa igreja gótica vazia. O coral ensaiava lá em cima, no mezanino.
Eu ia ouvir lá de baixo, mesmo. Não queria invadir.
Mas aí... aí, invadi. Não me aguentei. Subi e fiquei num cantinho vendo aquele pessoal da pequena comunidade ensaiando, regidos por um jovem bastante sensível, que sabia muito bem o que estava fazendo. Alguns me olhavam como quem diz: quem é essa? Eu sorria de volta. Então, na terceira música, uma das senhoras disse: quem sabe ela não quer se juntar a nós e cantar? O regente me olhou e traduziu o convite quando viu meu sorriso meio pasmado, sem entender o que havia sido dito entre eles. Agradeci e expliquei que tinha entrado na igreja apenas para assisti-los, porque tinha ouvido uma música muito bonita enquanto passava na rua. Eles todos sorriram e voltaram a ensaiar. Muito acolhedores. Mistura de vó, vô, papi e mammilein. Com aquele tom de fala que conheço bem.

O jeito e os pulôveres familiares, assim como a simpatia com os amigos.

Na minha saída, esperei uma pausa da música, aplaudi e disse: Bravo! Danke sehr. Obrigada. Eles todos abanaram e disseram coisinhas amistosas que eu não sei o que significavam, mas soaram bem aos meus ouvidos.

Jantei Wiener Schnitzel mit Kartoffelsalat, vitela à milanesa e salada de batata.

A FÓRMULA 1 E SEUS FANTASMAS

A resposta dos pilotos não varia quando a pergunta é: onde você mais gosta de correr? A grande maioria diz "SPA". Eu, enquanto espectadora, gosto particularmente das pistas mais clássicas do Mundial, pelo desenho e pela história que carregam.

As antigas pistas da Fórmula 1, as clássicas, carregam fantasmas em cada curva. Na entrada do paddock, nas escadas, no muro da pit lane, na frente dos boxes. Além disso, há muitas histórias nos hotéis perto dos circuitos, nas estradas de chegada ao autódromo. Nesses lugares, gente que, como nós, chegava para mais um dia de trabalho, nunca mais voltou.

Nunca mais.

A evolução do automobilismo foi escrita com mortes, diferente da maioria dos outros esportes que acompanhamos hoje. Pra alguns, morte é uma valentia cega. Diversos pilotos encaravam o fim de tudo pela velocidade máxima, pela vitória. Emerson Fittipaldi, bicampeão mundial, me contou que, quando os pilotos tiravam a foto oficial no início do ano, no primeiro Grand Prix da temporada, apostava-se qual deles não estaria no fim da competição.

A perda de pelo menos dois pilotos era certa.

Quem escolhe, ainda hoje, se aventurar nessas corridas, sabe que não está 100% seguro.

Esta talvez seja a última geração que ainda convive com colegas dos fantasmas. Mecânicos, engenheiros, empresários, ex-pilotos, amigos que, no fim do jantar, após algumas cervejas ou mesmo depois de um cafezinho, relembram detalhes de vitórias, abraços, algum carro que aguentou até o fim, uma ultrapassagem incrível, diálogos desafiadores antes da largada... e também o companheiro de equipe vindo correndo pela pit lane avisar... o telefonema para dar a notícia à mulher, aos filhos...

Durante um café no meu hotel em Monza, na Itália, Niki Lauda me contou que ele e Ronnie Peterson ficavam naquele hotel, assim como vários outros pilotos. E quando Ronnie morreu na pista, Lauda teve que entrar no quarto do amigo sueco e fazer a mala dele. Roupas tiradas naquela manhã que nunca mais seriam usadas de novo.

Depois da morte de Ayrton Senna, a F1 mudou bastante e se tornou muito mais segura. Mas ninguém a 300 km/h está garantido. A prova foi a morte do francês Jules Bianchi em 2015, após um acidente em Suzuka, no Japão. Poucos anos depois, surge Charles Leclerc, afilhado de Bianchi, que promete honrar o padrinho e conquistar o que ele não conseguiu. Para mim, chega a ser aflitivo como os dois se parecem. Há momentos em que chego a confundi-los.

Os pilotos não falam de medo, não pensam muito nos riscos, na morte. Segundo eles, se refletissem demais, não correriam. O fascínio pela disputa em alta velocidade, pela capacidade de domar a máquina e ainda assim deixá-la galopar livre pelas florestas das Ardenas na Bélgica, no inferno negro de Nürburgring ou no parque de Monza é mais forte do que tudo.

Não há lugar aqui para quem vive pela metade.

É por isso que os antigos ídolos continuam entre nós, no paddock, entre as equipes, nas curvas dos autódromos, na memória de cada um que vive o automobilismo.

PARTE DOIS

CARTÃO DE EMBARQUE

COQUE BANANA

Gosto de ouvir todos os idiomas raspando em mim pelo saguão, assim como uns refrões de conversa, feito rasante de passarinho. Também amo aeroportos que têm entradas para passarinhos frequentarem o saguão.

Não gosto quando decido ir ao banheiro e, bem antes de chegar na porta da bonequinha, antevejo o que me espera pelo cheiro de xixi, que se intensifica gradualmente pelo corredor.

Gosto da velha aeromoça que hoje trabalha só em terra, no guichê do aeroporto, mas segue com a gentileza elegante, praxe da profissão. Coque banana e batom passado por fora do lábio.

Odeio a impaciência bufada na minha cara e a repetição mecânica de frases do manual ao me responder à pergunta que já fiz duas vezes por não entender o que aquela profissional da companhia aérea disse ou por ter que especificar ainda mais a minha dúvida. Cartão de embarque atirado sobre o balcão, sem me olhar nos olhos. Se tivesse espaço, ela me empurraria para o lado com o pé.

Gosto de tomar um cafezinho e ver as pessoas passarem enquanto espero meu voo.

Odeio com todas as minhas forças ter que correr pelo aeroporto por causa de uma conexão apertada.

Odeio o mantra "chicken or pasta" e, quando você escolhe chicken, te dizerem que só tem pasta.

Me irrito particularmente com roncadores, que me fazem querer reembolso de tudo que gastei para ir de business.

Adoro quando o piloto está curtindo o voo e avisa que estamos sobrevoando uma paisagem bonita. Especialmente os Alpes Suíços nevados, que me transmitem uma sensação incrível de paz.

Antigamente, adorava me perfumar com novidades no duty-free. Hoje, se tenho tempo, faço massagem.

Sei que muitas vezes é por falta de noção, mas sempre me sinto desrespeitada por fedorentos que voam perto de mim.

Material pra folhear, já foi revista de surfe, viagens, moda, comportamento, F1. Hoje, os livros são os meus favoritos e me ajudam a não sentir o tempo passar.

Se posso, não como no voo. Em viagens longas, minha prioridade é dormir. Nas curtas, ler e ouvir música.

Quando entro num avião da Air France, não me dizem bonjour! No da Iberia, nada de buenos días! Turkish, JAL, TAP: antes de qualquer coisa, good morning. Já na Lufthansa, posso estar embarcando em qualquer país, os comissários de bordo sempre sorriem pra mim e desejam um seguríssimo guten Morgen.

Acho que indivíduos alcoolizados deveriam ser impedidos de entrar no avião, assim como homens de blazer de couro sem camisa por baixo. Sim, com peito, barriga e pescoço peludos.

As comissárias de bordo deveriam nos receber na classe econômica dizendo "sinto muito" e entregando logo um Rivotril. Na executiva, alertariam para não nos sentirmos culpados por estar ali e perguntariam se vamos querer cafuné antes de nanar.

Odeio espertinhos que põem a mala no compartimento dos primeiros assentos e se sentam no fundo do avião, sem se importar se o cara da 5C também tem bagagem pra colocar ali.

Sempre tenho vontade de enfiar um colete salva-vidas inflável no pescoço da criatura que gruda em mim no corredor do avião na hora da saída e puxar a cordinha. Pior ainda quando resolve ultrapassar. Que tal eu usar o apito desse colete e soar lá dentro do tímpano? Nein!

Enfim, acho que estou ficando velha.
Tá na hora do coque banana.

NÃO SEGURA, SEGURANÇA

Mostrei passaporte e passagem. Botei minhas coisas na bandejinha e passei pelo raio X. Pééé! Eu, hein? Não estou com nada de metal e até de alpargatas! E aí é aquele negócio de pare aqui, abra as pernas e braços. E lá vem uma moça compacta com ar resoluto, camisa de botões explodindo no peito, com escudo de segurança e luvas de plástico. Só que, desta vez, aconteceu o que eu sempre temi. No meio da revista, tive um acesso de cosquinhas. Que horror! Tentei me segurar, pensar no hino nacional alemão. Apertei a boca até ficar com lábio fininho. Fiquei com medo de que ela achasse aquilo suspeito. E foi justamente no subpeito, na linha do sutiã, quando ela me apertou as costelas, que dei um pulo. Felizmente, a alemã era bem-humorada e eu estou embarcando.

FIACHAR DE LUFTHANSA

"Fiachar" de Lufthansa sempre me "tá" aquele prazer de "foltar" às origens. As equipes de terra e de bordo da companhia aérea alemã falam comigo na sua língua nativa sem pestanejar. Meu alemão é mínimo. Apesar da minha aparência e do meu sobrenome, não domino o idioma. Não consigo conversar, e meu vocabulário é exíguo.

Mesmo que eu diga à equipe da Lufthansa que não falo alemão, eles ignoram quando olham pra mim e insistem. Na segunda tentativa, normalmente desisto. Na Áustria, por exemplo, o dono de um restaurante que costumamos frequentar sempre me pega para conversar no bar, onde normalmente estão a filha e a mulher. Eles puxam bancos altos, me servem cerveja e conversam por bastante tempo. Eu faço caras, expressões, e eles sempre se despedem de mim com abraços e beijos (raro entre os povos germânicos).

Hoje levei uma cantada de um brasileiro que ia pegar o mesmo voo que eu. Todo pimpão, me perguntou num alemão macarrônico, repolhudo, se eu queria uma bebida. Olhei bem pra ele e decidi manter a farsa: nein, danke. E fiz cara de alemã braba.

Ach du lieber Gott!

NOJO

Existem coisas que as mulheres fazem como ninguém.
Uma delas é cara de nojo. Aquele olhar demorado, de cima a baixo, com uma sobrancelha arqueada enquanto pisca devagar, ao mesmo tempo que dá um suspiro e, finalmente, vira a cabeça para o outro lado. Sabe aquela virada?

Recebi uma dessas anteontem, no voo. O avião era pequeno, os assentos apertados. Quando o serviço de bordo passou, eu estava com fome. Mas exatamente na mesma hora, a moça da frente, com todo o direito, baixou o encosto da poltrona. Depois de derrubar a Coca no meu colo e esmagar a minha mão no sanduíche, encostei no cotovelo da fofa e pedi: você se importa de reclinar a poltrona depois, para que eu consiga comer? E aí é que veio. Sem me dizer uma palavra, ela fez uma cara de nojo cinematográfica.
Me senti uma minhoca. Enquanto desenvolvia ao máximo suas habilidades para demonstrar asco, ela levantou o encosto.

Logo a seguir, mas logo a seguir mesmo, fui tomada por uma fúria retumbante. Por que essa criatura me faz uma cara dessas, se vai fazer o que eu pedi? É pelo prazer de ser desagradável? Ou não faz o favor, porque acha que, assim como eu, ela também tem o direito de fazer o que quiser, ou faz o favor de bom grado.

Aquela havia sido uma interpretação típica de novela mexicana, de nojo por outro indivíduo, algo que raramente vemos no semblante do sexo oposto. Homens fazem outros desaforos, mas nesse tipo, em especial, somos campeãs.

Enquanto eu escrevia estas palavras, no contravento, um turista espirrou, e tenho certeza de que os micróbios grudaram em mim. Fiz cara de nojo. **Mas é outro nojo, se é que você me entende.**

SOZINHA NA NEVE

Cedo. O dia não abriu direito porque saiu da noite para o nublado de neve. Um nublado escuro e pesado. Mas, como prometia sol por duas horas, me paramentei pra esquiar. Se não fui a segunda, fui a terceira a passar pela catraca e pegar a cabine até o alto da montanha. Lá no alto, peguei, sozinha, mais uma cabine que, pendurada por cabos de aço, passou por vales brancos e me levou até cerca de 3 mil metros acima. Na pontinha de um pico suíço. Lá, sim, silêncio absoluto. A neve começou a cair. E o fenômeno journée blanche, dia branco, se firmou. É uma combinação entre a incidência de luz, as nuvens e a neve que te deixa sem profundidade de visão. Como num sonho, fui tateando e deslizando na montanha branca. Ninguém à minha frente. Ninguém atrás. Ninguém por perto. Uma deliciosa sensação de isolamento naquela imensidão e naquelas paisagem exuberantes. Medo? Também. Um pouco. Mas mais forte era a sensação de fazer parte daquilo e ser aceita. Antes de entrar no mar, sempre cumprimentei, pedi e agradeci à deusa das águas. Nunca tinha me ocorrido sentimento semelhante em relação à montanha. No entanto, passando por aqueles enormes rochedos, já no fim da parte mais difícil da descida, me equilibrei e fiz reverência a eles. Agradeci por terem me recebido tão bem. Não sei por que me referi a algo masculino. Mas foi assim que me senti. **Naquela hora, a montanha não era um parque de diversões, mas um ambiente quase sagrado. Namastê. Obrigada.**

SUBIR EM VEZ DE DESCER

Já faz algum tempo que, esquiando montanha abaixo, aqui em Crans, observo com curiosidade gente que sobe a pé aquelas ladeiras inclinadíssimas. Observo com curiosidade e admiração. Imagina o desgaste! Imagina a resistência física e psicológica de quem se propõe a subir o que todo mundo está descendo feliz e contente, com vento no rosto.

Quando passo por essas pessoas, sempre sorrio e muitas vezes as cumprimento, num sinal de solidariedade e respeito. Eu, toda encasacada, deslizando no geladinho, e elas de manga curta, suando, no maior sacrifício. Morro de vontade de dar uns gritos de incentivo. Juro. Allez! Allez! Bravo! Mas aqui na Suíça ninguém faz isso e, provavelmente, a pessoa que está subindo não entenderia ou talvez até achasse inútil.

Tenho que confessar. Já gritei do teleférico. Não me aguentei. Acho eles incríveis.

Sempre tive vontade de encarar essa, mas acabava me deixando levar pelo prazer pronto do esqui.

Até hoje.

Aproveito que o dia está lindo, a neve ruim, meio derretida, o formigueiro do carnaval deixando a pista caótica, e alugo um par de raquetes para subir a montanha. Raquete é como são chamadas umas plataformas com grampos de ferro que se acoplam nos sapatos. Assim, a gente não escorrega pra trás nem afunda na neve. Mais ou menos. E pela estrada afora eu vou bem sozinha não levar doces a ninguém, mas queimar as calorias de tudo o que eu ando comendo neste inverno.

**Que beleza, que bonito!
Até que as raquetes funcionam direitinho.**

Saio da estrada, entro pela floresta, aproveitando que a sinalização não é lá essas coisas e que eu conheço os pontos de referência mais altos. O bondinho, por exemplo. Viva a aventura!

É cansativo, mas é bom. Passo por um chalé no meio da subida e pergunto se há um caminho alternativo longe da pista de esqui para chegar ao meu destino. A mulher chama o marido, cujos olhos azuis glaciais e o sorriso terno me dizem que sim. Num tom tranquilo, indica a esquerda, e depois terá uma trilha.

Sigo as orientações. Afundo um pouco, mesmo com as raquetes. Acho que ninguém tinha passado por ali desde a última nevasca. Me perco, mas me acho seguindo as pegadas de uns cachorros. Chego finalmente a outro chalé e encontro a trilha que começava entre os pinheiros. Voilà! Uff, tô morta.

Tudo muito bem, tudo muito bom, até começar a subida mais íngreme. Subir mais e mais. Subir bem. E sem parar. Para o alto, me arrastando.

Eu já não consigo mais trocar a música do iPhone. Conto os passos. Repito a letra das músicas para marcar o ritmo, até não ter mais ritmo, só sobrevivência. Estou pra morrer. Mas desistir está fora de questão. Paro para pegar ar. Bufo. Não dá pra parar por muito tempo, afinal, há uma boa distância pela frente, em temperatura negativa. Fico braba comigo mesma por estar tão fora de forma. Começo a me observar: o quanto me questiono se conseguirei chega? Quantas vezes tenho que dizer a mim mesma que se os outros conseguem eu também consigo? Como eu faço para me superar? Quantas vezes tive que deixar o orgulho de lado e não só diminuir o ritmo, mas parar para respirar? Quase vomito de tanto esforço. Quase. Humilhação demais.

Vou respirando e encontrando meu ritmo. Vou subindo. Em alguns momentos, me acho corajosa e forte, quando esquiadores passam por mim no sentido contrário.

Mas um cara me ultrapassa, subindo a montanha. Um "pedala, Robinho" no meu orgulho. Eu tento usá-lo como coelho, uma referência, e seguir o ritmo das suas passadas, mas o homem é uma lebre. Impossível. Deixo ele ir. Aliás, quando ele passou por mim e disse bonjour, eu nem consegui responder.

Felizmente, no fim do trajeto tem uma parte reta. Chego ao restaurante orgulhosa, respirando como um ser humano e não mais um cachorro com a língua arrastando na neve. Na próxima, não posso esquecer de levar água. **Vai, vai ter próxima.**

HAIA

Segunda-feira em The Hague, ou Haia, na Holanda.
Fui dormir às quatro da manhã por causa da cobertura do Mundial de Vôlei, mas graças à bendita obra na frente do hotel, fui despertada às nove, sem dó nem piedade, por gritos do outro lado da rua, num idioma conhecido. Sobre andaimes e trepados nas janelas do casarão antigo, eles estavam exatamente na altura da minha janela: "Luix, trouxexte aquela lixa?". Os três portugueses reformavam a parte externa de uma construção de mais de dois séculos, como o meu hotel. Para quem está acostumada, em função do trabalho, a transitar por Holiday Inns e "Worst" Westerns, deitar numa cama macia com lençóis de um milhão de fios egípcios, sob um dossel de linho, não é de todo mal, não é mesmo?

Malditos portugueses? Não. Benditos, como eu disse. Aproveitei o despertar cedo para passear um pouquinho pela vizinhança e sentir o gostoso clima da histórica Haia antes de embarcar de volta pra casa. Gente sorridente, alta e loura. Bicicletas rodando por todas as ruas e vielas, mas sempre guiadas por ciclistas educados. Simpáticos no cruzamento do olhar. Mesmo quando eles tinham razão e eu, desavisada e avoada, não. Tão diferente daquela gritaria do ALÔ, ALÔÔÔ da galera que zune pela Lagoa Rodrigo de Freitas querendo que você desapareça no grito ou, no mínimo, pule para o lado imediatamente. Ou das cortadas e finas tiradas pelos professorais ciclistas alemães e suíços, que tentam nos ensinar na marra qual é o lugar do pedestre. Eu sei, eu sei que não dá pra generalizar, mas achei os holandeses adoráveis. Ô, povo grande! Adoro! Me sinto tão mignon.

Fiquei na parte antiga de Haia, não quis vir pro meu tempo. Os velhos prédios e pequenos canais me tocam mais. As longas avenidas verdes de carvalhos frondosos eram especialmente poéticas naquela época do ano. Fazia sol no país que vivia úmido, abaixo do nível do mar. Soprava uma brisa fresca que deixava a gente com ar de modelo de propaganda de shampoo, andando em câmera lenta. Comprei uns livros em uma pequena livraria de mais de 150 anos e que pertencia à mesma família desde a Segunda Guerra. Sentei ao ar livre à beira de um canal e li ao som de gaivotas. Andei pela feira de antiguidades, pelos antiquários, por lojas de coisinhas naturais, butiques e pequenos restaurantes.

É incrível como permanecem presentes as evidências do comércio e do poder dos exploradores holandeses dos séculos XVII e XVIII sobre o Caribe, as Ilhas Maurício, África, América do Sul, as Índias. Meu hotel se chamava Des Indes. Lembrei de quando estudei a Companhia Holandesa das Índias Ocidentais. O lobby do hotel tinha esculturas com rostos africanos de mármore negro saindo das paredes, abacaxis de bronze nas quinas dos corrimões de álamo. Muitas flores tropicais e rococós. O hotel é conhecido pelo seu salão de chá, todo de veludo e com uma abóbada de vitral colorido no alto. Ontem, quando saímos, uma moça tocava harpa para um público surpreendentemente variado, que tomava chá e conversava nesse salão. Jovens casais, mães e filhas, neto com avô... Bom de ver e de ouvir.

Caro jovem, não só da incrível Amsterdã, do Museu Van Gogh e de coffee shops vive a Holanda. Haia, que me soava como uma cidade burocrática e fria por ser considerada a capital jurídica do mundo, é, na verdade, um encanto. Obrigada, Luiz, por ter esquecido a lixa!

A CIDADE DO AMOR

Paris é mesmo a cidade do amor.

Estou num hotel de médio pra bom, perto do Arco do Triunfo. Ontem só fui dormir às duas e meia por causa do lufa-lufa no quarto ao lado. Eram cinco e meia quando eles acordaram de novo. Em compensação, quando saí, às oito, senti zero culpa de bater bastante nas paredes e portas com meus equipamentos. Ainda assim, eu sei, tenho certeza de que não atrapalhei aquele maravilhoso sono profundo do pós-lufa-lufa.

Depois do dia todo fazendo reportagem na rua, passei grande parte da noite enviando, ou tentando enviar, meu material pela esquálida internet que o hotel oferece. Todo mundo saiu para jantar. Todo mundo voltou do jantar. E eu no lobby. No maior glamour, com meu computador, jantando batatinhas chips e Coca zero. Zero, sim, por causa da consciência. Meia-noite e éramos só eu e o concierge, já meu amigo àquela altura. Um senhor do Marrocos, careca e simpático. Ele botava a mesa do café da manhã, eu editava e enviava uma entrevista enquanto tentávamos ignorar os gritos sôfregos e os estalos de tapas ritmados do quarto no térreo, ao nosso lado. A coisa foi longe. Eu na internet, o pobre concierge que já não sabia mais pra onde olhar e a corrida de bigas romanas no quarto ao lado.

Quando finalmente tudo acabou, às três da manhã, me dei por vencida e fui dormir. Em outro quarto, porque pedi pra trocar. E não é que àquela hora o pessoal do terceiro andar também estava arfando do outro lado da parede? Me pergunto se alguém na cidade do amor vai me deixar dormir. Sou a favor do amor, sim. Livre. Cada um faz o que quer. Mas seria bom um isolamento acústico, não?

Tchau, vou dormir, que eu tô com uma pura dor de cabeça.

Ah, é. Meu corretor substitui o t pelo r. Eu deixo. Cada um faz o que quer, né? Pra um lado e pro outro.

AF X KLM

Check-in em Nice.

Bonjour. Mostro os dentes até os molares. Os guichês de uma companhia aérea, do correio perto de casa ou do posto de imigração em um aroporto têm sempre o meu mais aberto sorriso. Porque eles têm o poder.

Depois do passaporte, tudo certinho, entrego meu cartão de fidelidade e… lá vem a primeira bufada. "Ah bon, madame… no seu cartão está escrito Gertum Becker; e na sua passagem, somente Becker. Désolée." Atira tudo sobre o balcão.
"Não dá pra computar seus pontos."

Detalhe: não estou indo a Paris, aqui do lado, mas à Malásia, e depois ao Japão. É muita milha que a désolée tá desolando pelo ralo. Tentei explicar, contar, mostrar. Ombros e sobrancelhas sobem e descem acompanhados dos lábios que se separam com o sopro das bochechas cheias de ar.
"Eu não posso fazer nada. Se a senhora quiser, a senhora tem que mudar o seu nome todo pela internet, ou então pode ir até o atendimento da Air France."

Munida de toda a paciência e ainda mantendo o sorriso para convencer a mim mesma de que a atendente não vai me irritar, peço a indicação. Onde? Ali ó, onde o Diabo perdeu as meias, porque as botas ele perdeu bem antes. Ok. E o embarque? Ela aponta pro lado oposto.

Lá fui eu.

A gêmea idêntica da mocinha do primeiro guichê repetiu o discurso, o gestual, os ombros e a bufada. Ok. Dei uma mordida naquele limão verde que elas estavam comendo. Obrigada, beijo, tchau.

Cheguei a Amsterdã. Fui pro lounge. E como tinha umas moças da KLM ali numa mesinha, aproveitei para perguntar e me fingir de sonsa. Ah, esqueci de apresentar o meu cartão de fidelidade.

Todos os dentes. Todinhos.

Só não mostrei os sisos porque já não os tenho mais.

Desviei o olhar enquanto ela teclava. Cinco minutos depois, sorrindo naturalmente, ela me entregou o cartão, a passagem e o passaporte. "Senhora, tomei a liberdade de colocar também o seu nome no sistema, incluindo o sobrenome do meio. Assim, de qualquer forma que a senhora se apresentar para um voo, ele sempre será computado."

Thank you. Dankjewel.

Tá?

Como diria João Grilo, só sei que foi assim.

Mais mel na limonada, senhora?

Em tempo...

Gosto dos franceses.

Tenho muitos amigos franceses.

Gosto da cultura e do país.

Adoro a moça da farmácia, e a da padaria também.

Tenho medo da atendente dos correios e horror da vendedora da loja de souvenirs.

Amo meu médico, que se chama Millou, igual ao cachorro do Tintim.

O mesmo não posso dizer da madame da Air France e sua coleguinha.

Ou seja, tem o mau humor francês, mas há muitas outras coisas que encantam. Pelo menos aqui no sul. Tem que saber lidar e aproveitar o que tem de bom. **Para o resto, toma um Plasil e désolée!**

METZ

Aqui eles dizem "méss".

Os franceses não querem influência dos vizinhos alemães no jeito de dizer o nome da cidade que fica ao ladinho de Luxemburgo.

O melhor do sábado de manhã numa cidade pequena é poder sentar num café com a turma local. Comer e beber como eles.

Ver os reencontros contentes num fim de semana que começa. Banho tomado. Velhos amigos. A dona já sabe o que eles querem. Clientes cumprimentam garçons e garçonetes com beijos no rosto e se chamam por apelidos.

Salut, Mimi! Ça va, ta mère?

Escolhi este lugar porque a música é calma e eu precisava pensar no que tinha acabado de ver. Gosto de igrejas, templos. Visito alguns. A igreja que visitei hoje era pequena, em estilo românico. Construída no século V, escondida no meio da pequena cidade, na rua que leva a Luxemburgo. Só que... só que... ao entrar, um mundo azul, verde e lilás de Jean Cocteau dava àquele ambiente tons de fundo do mar Mediterrâneo. Os vitrais foram refeitos pelo artista na década de 1960. Cheios de símbolos misturados que se revelavam aos poucos com os raios solares. Uma cabeça egípcia, uma máscara africana, uma medusa, estrelas com nomes de amigos como Roland Garros, a pomba do Espírito Santo. Uma paz imensa.

A igreja de Saint-Maximin me transmitiu a paz subaquática do mergulhador, iluminada pelo sol sagrado, turquesa, verde e lilás.

MOTOTÁXI EM PARIS

Cheguei ao aeroporto de Orly na pior hora para entrar em Paris. Pouco antes das nove da manhã. Embora meu compromisso fosse às onze, eu não estava a fim de passar uma hora, uma hora e meia no trânsito, presa dentro de um carro. O dia estava lindo.

Arrisquei. Mototáxi!

Esperei o enxame em volta do desembarque se desfazer e me aproximei de um grupo de três rapazes: um baixinho de capacete sobre a testa, estilo motoboy; um rastafári magro de barba na forma de pirâmide invertida; e um terceiro, que poderia ser árabe ou brasileiro, com lindos dentes muito brancos.

Fui no mais óbvio, o baixinho. Já me vi zunindo pelo trânsito numa vespa, grudada no Baixo, rezando pra chegar no consulado. Esquece a escova que eu tinha feito de manhã. Vamos nessa! Não. Não vamos. O hobbit me passou pro rasta, que tinha língua presa, meu motora, agradéthe os amigos. Merthi, les gars. Valeu, cara.

Sigo o magro agora fazendo uma nova cena na cabeça. A cena muda na minha cabeça. Agora, me vejo serpenteando o trânsito mais lentamente, numa 150 cilindradas. Só que não. De novo. A motoca era um avião Honda, um milhão de cilindradas turbo. Putz! Que máquina! Obrigado, ele sorri com dentes de Mentex. O rastamagro me passa uma touca descartável, daquelas fininhas, pra proteger meu cabelo dentro do capacete, além de uma almofadinha profissional que adapta o capacete ao tamanho da minha cabeça. Me entrega o álcool gel para as mãos antes de vestir as luvas para o frio. Além disso, tem um casacão. Que exagero! A gente nunca sabe, ele pondera, começou o outono. Ponho o casaco, rindo daquilo tudo.

Ele me pergunta se quero guardar minha bolsa e minha pasta pra ficar mais livre. Sim.

Pronta, revestida, monto na nave. O lugar do carona é uma poltrona confortabilíssima. Ele explica: se ficar com medo, pode segurar nessas alças aqui do lado. E se eu estiver indo muito rápido pra senhora, é só dar um tapinha nas minhas costas que eu diminuo.

Cheque de portas, motorzão e vuóóm!

E eu achei que iria agarrada nele gritando até a embaixada americana. Amigos, foi incrível. Rápido, seguro, confortável e o maior astral. Cartão ou espécie? Já combinei de ele me buscar na volta.

Jean Carle, eu rrrrecomendo!

MUSEU SOROLLA

O museu Sorolla é um oásis no meio da barulheira da cidade grande que é Madri. Engraçado, porque a Espanha não me remete a barulheira. Nova York, sim; China, sim; Londres, sim... Mas a Espanha, por mais plural que seja, por maior que seja a sua capital e ainda que ela seja realmente barulhenta, esse é o último adjetivo que me vem à cabeça quando penso nesse país que amo tanto!

Estou com enxaqueca. Ela chegou comigo ontem. Talvez por isso eu esteja começando assim esta carta, por aquilo que mais afeta meus sentidos neste momento: o barulho e a luz.

Vim parar em um refúgio, onde a tortura se transforma em prazer, em arte. Estou na casa de Joaquín Sorolla, um mestre da luz e da cor em temas que me são caros. O mar, o cavalo, a infância, a família, o feminino. O quadro mais famoso é grande, quente e azul. Um menino nu, de chapéu de palha, saindo do mar e trazendo pelo cabresto um cavalo branco. Ambos molhados e refletidos na película de água deitada sobre a areia.

Andar pela casa do artista e ouvir meus passos sobre a tábua corrida
ou o tapete persa me leva de volta a um tempo que não foi meu, a uma casa
que não foi minha. Mas é tudo tão aconchegante que parece, sim, meu.
Talvez porque o sentimento seja o mesmo de quando vejo na pintura
as irmãs de mãos dadas, correndo com suas camisolas largas para dentro
do mar. Conheço esse ombro com areia, queimado pelo sol, a mão
da jovem conduzindo a irmã. Posso quase nos ouvir.
Sorolla prestou atenção à mesma coisa que eu.

**Vejo a admiração e o carinho que ele tem pela mulher
ao pintá-la, quase majestosa, lendo o jornal pela manhã,
com o cotovelo pra fora do sofá.**

O trânsito está intenso lá fora, tem até serra elétrica de construção. Mas aqui dentro seguem, intermitentes e suaves, o som da fonte andaluza no centro do jardim e o cantarolar dos passarinhos que fugiram pra cá, como eu.

BARCELONA — DE MANHÃ CEDO

O sol já tinha acordado quando eu saí do hotel, mas ele ainda estava meio escondido atrás dos véus da manhã de inverno. Aquela bruma o deixava muito sonolento. Estávamos, os dois, despertando pelas ruas de Barcelona. O ar fresco era novinho em folha, recém-nascido do sereno da madrugada.

Não sei por que tenho esta impressão quando estou viajando: se saio pra rua cedo, de manhã, parece que sou um deles, que sou daquela cidade. Mesmo nos lugares onde os turistas pululam por todos os cantos em cores fosforescentes, de óculos escuros gigantes. Como se eu não fosse uma turista pululante, vou deslizando lentamente pelas calçadas, sentindo o cheiro das padarias, ouvindo as conversas ainda baixas de quem se encontra fora de casa pela primeira vez no dia.

O rapaz sai com a roupa que provavelmente estava em cima da cadeira ao lado da cama, para passear com o cachorro. De orelhas atentas, aquele peludo vai levar de volta pra casa um graveto que achou na rua. Como é que eu sei? Ele não largou o brinquedo nem pra fazer xixi.

Na cidade de Gaudí, a essa hora, ainda dá para ouvir a reunião familiar de rolinhas em alguma reentrância dos afrescos da Belle Époque. É uma sensação aconchegante. Os meus passos, o cumprimento de cabeça do porteiro e aquele rou-rou tímido das rolinhas.

A moça vai agasalhada e maquiada para o trabalho.
Vai sentir calor, penso eu.

Atrás de mim, o ritmo marcado de solas de couro de sapatos masculinos. Chego à confeitaria Mauri, que vive naquela esquina desde 1929.
Pela vitrine, passou uma cidade anarquista que foi tomada por comunistas. Cenas da Guerra Civil Espanhola e da ditadura de Franco foram refletidas naquela vitrine. A dor, os conchavos, as pequenas alegrias diárias, as grandes comemorações. As madalenas adoçaram bocas de muitas jovens que pararam diante daquele balcão de bordas douradas e vidro impecavelmente limpo. Ali, nas mesinhas da calçada, homens leram jornais tomando café, enquanto outros passavam com os filhos pela mão, a caminho do colégio. Hoje, a mesa é de alumínio. Mas o jornal é o mesmo: La Vanguardia, que se vendia nos anos 1930. Aliás, desde 1880.

Comi madalenas, tomei um cappuccino. Pedi também um folhado con foie, porque meu olho é muito maior que minha barriga, assim como o de muitos filhos que puxam as saias de suas mães, apontando aquela coisa bonita no balcão. Quero um. Mas você nem sabe o que é! E, além do mais, não é hora de comer isso. Como eu estou viajando, minha mãe não está aqui comigo, mas tenho grana no bolso, vou pedir e vou comer. "Uno de esos, por favor", disse eu, sorrindo como quem pede permissão. A moça não reagiu. Provavelmente não entendeu a minha culpa. Alziras (azar, do jeito de criança gaúcha falar)!

Desculpa, mãe. Não, não tive dor de barriga.

DALE, NENA

Noite de gala de flamenco em um dos lugares mais lindos de Barcelona: Palau de la Música Catalana, projetado pelo contemporâneo de Gaudí, Lluís Domènech i Montaner. Lindo, colorido, cheio de vitrais e mosaicos que se transformam em esculturas mágicas. É um lugar que nos transporta para outro mundo.

Eu estava achando tudo lindo, mas me sentia ainda um pouco desconfortável com a ideia de estar sentada numa cadeira de teatro. Aquele assento me distanciava de uma arte da qual eu estava acostumada a quase participar. **O flamenco, às vezes, funciona como uma roda de capoeira.** Muitas vezes, quem assiste participa com palmas ou gritos de olé, quando algo excepcional acontece. Os músicos se comunicam com olhares e sinais numa conversa, assim como os dançarinos, bailaores, que são praticamente os condutores, ou maestros, das músicas. Os cantantes contam histórias que são interpretadas por pés rápidos, mãos odaliscas e olhares ciganos.

Mas tudo estava posto meio separado de mim, num palco, o que naturalmente impõe um distanciamento, transformando o público em mero observador. Um certo esfriamento numa relação quente, entende?

A plateia estava cheia de gringos como nós. Mas havia alguns espanhóis, e eu sabia que a qualidade dos artistas era boa. Boa? Era ótima!

O violonista abriu a noite com acordes que revelaram um grande estudioso de alma, muito sensível. Um violonista cool, como Charlie Watts, dos Stones. Dois cantantes rasgavam suas vozes sem hesitação entre os semitons árabes. Um, um linho grosso. Outro, uma seda. E uma caixa no ritmo e contrarritmo de cada conto cantado.

Os bailarinos vestiam uniformes, mas isso não impedia os dois homens e as duas mulheres de transbordarem e atirarem, sob a luz vermelha, suas personalidades únicas no arrastar do pé e na coragem da batida forte do salto. Impressionantes, os pés. Quase pandeiros.

O distanciamento? Acabou, graças a uma argentina de 81 anos, sentada ao meu lado. De mãe cigana e pai austríaco, ela gritava e fazia mãos e trejeitos de profunda conhecedora, alguém que pertencia àquilo tudo. Com ela, gritávamos eu e, aos poucos, outros. "Dale! Guapa! Olé, olé! Aaaaai, por Dios", vibrava a senhora, com as mãos viradas para o palco. Me cutucava. Mostrava a pele arrepiada. É minha família, meu sangue está ali. Depois de cada grito exaltado, ela, às vezes, fazia sinal de silêncio para si mesma. E eu tentava lhe tirar a coleira:

"Não se contenha! Faça o que tem vontade!".

Ela me contou no ouvido: "Minha neta me disse que nunca mais vai ao flamenco comigo, porque morre de vergonha". Ué?! Elas não gritam assim pela Shakira? Eu grito assim pelo flamenco.

Olha, olha, olha essa que linda, as mãos! Dale, nenaaa!!!

SAMBA ESPANHOL

Sempre que venho à Espanha, vou pro samba, digo, ao flamenco. Bem, dá no mesmo...

Felizmente, tenho boas pontes nesse meio, e elas me encaminham à Lapa espanhola, e não ao Sargentelli. Nada contra. Aliás, só a favor. Mas quando quero ouvir um samba, não é pra lá que eu vou. Casa Patas é um lugar tradicional de Madri onde, além de gringos como eu, os próprios artistas vão assistir a seus companheiros.

Um tablao pequeno, sem requintes, onde a qualidade do espetáculo não está na iluminação feérica, mas nos próprios músicos. Três cantores, ou cantaores, com timbres diferentes. Um mais grave, como um surdo, profundo. Outro suado, potente, como tenor de ópera. E o terceiro, rascante com muito tanino. Não é veludo. É uma seda que se rasga de uma vez só, de cima a baixo. Todos de preto no fundo do palco, cada um com uma qualidade rara de voz, que jamais os leva a se exibir ou competir entre si. O virtuosismo, os passeios pela dor, o improviso pela milonga árabe são precisos. Por vezes, mais baixos e contidos; por outras, abertos, escancarados.

Quem embala a noite é um guri de vinte anos com uma sensibilidade muito bem valorizada pelo seu mestre. Yeray Cortés faz renda de bilro com seus dedos múltiplos no violão. O flamenco, sempre tão forte e às vezes dissonante, em alguns momentos é harmônico e romântico, como alguém que te pega pelos braços, levitando por aí.

A primeira dançarina a se apresentar é Natalia Delmar. Teatral, busca tempero no pó dos fachos de luz, que guarda na cintura feito uma bruxa. Comunica-se com a turma dos instrumentos com as mãos e os olhos. Natalia manda subir e descer o santo tal qual uma pombajira doida e voluntariosa.

O dançarino a seguir é discreto, magro, de costeletas largas, terno cinza, echarpe florida. Sergio Aranda vai, aos poucos, batendo as botas no assoalho, riscando a tábua corrida com destreza, crescendo tanto até virar um terremoto de mil homens a fincar os saltos no chão. Ele é um furacão que a cada giro faz chover suor pelo palco. Eu não sabia o que esperar dele, por total ignorância. Fiquei calada com o público, observando, até que transbordamos todos, fomos tomados por esse incrível dançarino, e o aplaudimos aos gritos de olé. Magnífico Aranda!

Os cantaores e violonistas sorriem. Essa linguagem de olhares eu conheço bem das rodas de samba.

A noite termina com Angela Españadero, toda de negro, olhos riscados e profundos, sobrancelhas arqueadas. Angela pede silêncio aos músicos e passeia pelo palco, desenhando o chão com os pés.

Em um acorde, o violão desperta a alma da bailaora. Ela é um toureiro prestes a fincar o pescoço do animal. Com elegância, faz finta, sapateia exata, sem meias palavras. Braços e poses de pintura. Esqueça a sutileza. As mulheres que dançam flamenco não deixam dúvidas do que querem, dizem logo a que vêm. De um toureiro, Angela levanta a saia e se transforma em uma rameira sem modos que dança de pernas abertas. Quem manda nela é ela mesma.

Saí de lá com a certeza de que não eram só os seis no palco. Eles soavam como trinta e seis. Tinha gente dentro deles. Seguro que sí.

PROCISSÃO ESPANHOLA

Surpresa deliciosa em um dos lugares que mais amo no mundo. Na pequena Jerez de la Frontera, no sul da Espanha, testemunhei algo que eu não via desde pequena: uma procissão. A comunidade inteira se reuniu no centro da cidade para fazer parte ou acompanhar a procissão que levava o andor de São João Bosco. Crianças de laços nos cabelos e sapatos engraxados, adolescentes mascando chicletes enquanto tocavam trombone. Os trompetes e tambores tocavam melodias típicas espanholas. Senhoras baixinhas e encasacadas de braços dados com suas amigas. Um happening onde todo mundo viu e foi visto. Inclusive João Bosco, que passou para visitar Nossa Senhora Auxiliadora na casa de Nossa Senhora das Angústias, pra dar um oi durante o percurso. **A capela de mais de 500 anos estava vazia e toda esfumaçada com um incenso herbáceo, doce. Clima celestial.**

Obrigada, Jerez, pela recepção.

CARTÃO DE CRÉDITO

Vi uma foto de uma guria com o cachorro, olhando o pôr do sol, no pico de uma montanha e, na legenda, escrito: nem toda mulher gosta de passear no shopping. Verdade. Nem toda mulher. Ou, pelo menos, nem sempre.

Foi numa linda casa em Chelsea.

Já estávamos no cafezinho, depois da sobremesa, em uma grande mesa redonda.

Durante todo o extenso jantar, meu vizinho de cadeira discorreu sobre a sua Bugatti, seus carros de coleção, seu desempenho em cada um deles, as marchas, os motores, seu sistema para mantê-los limpos e brilhantes, sem digitais de ninguém na lataria… Tudo isso num tom blasé, com aquele ar de obviedade em tudo o que diz.

Foi quando retiraram as xícaras de café que ele olhou para mim e falou comigo pela primeira vez: "E você? Quais são os planos para amanhã, em Londres, sozinha? Comprinhas e queimar o cartão de crédito do marido?". Sorriu, procurando um olhar cúmplice.

Em voz baixa, arrumando o guardanapo, respondi: "Não. Vou ao show do Ryuichi Sakamoto, cujo ingresso custou X na potência 8, pago com o *meu* cartão".

Não consegui manter a fleuma. Ainda assim, foi melhor do que todas as respostas que me ocorreram envolvendo todos os antepassados dele, a Bugatti dele e o tiranossauro rex juntos.

CHINELO DE BICO FINO

Ao chegar a Mônaco, da Austrália, o choque cultural é inevitável. Depois de mais de trinta horas de viagem, eu estava daquele jeito. Com cheiro de avião, gosto de avião e na forma de cadeira de avião. Larguei minhas coisas na entrada de casa e constatei o óbvio: geladeira vazia. Do terraço, olhei para a rua. Era Páscoa.

Meu Deus, eu preciso de uma cerveja. Não duvido que Jesus tenha tido a mesma ideia quando chegou ao céu, depois de tudo o que passou.

Desci até a praça na frente de casa. Escolhi uma mesa ao sol e pedi um chope. Ao meu lado, duas mulheres um pouco mais velhas do que eu beberam um cappuccino e depois duas Cocas zero. Sem gelo.

Pedi mais um. Estava com sede. Sempre prefiro chope pequeno, para não esquentar. Além disso, meu neurologista disse que para acabar com o jet lag, tenho que ir pra debaixo do sol. Então, estava seguindo orientações médicas.

Mais à frente, sozinha, uma senhora de cabelos brancos e batom vermelho fazia palavras cruzadas e tomava um cálice de rosé. Achei mais parecida comigo. Exceto pelo tamanho do diamante que ela carregava na mão direita. De óculos escuros, ela tirou o blazer azul-marinho e continuou ali. Não acho graça em palavras cruzadas. Ainda. Quem sabe quando chegar à idade daquela senhora. Hoje, só gosto de fazer em dupla, tipo competição. Acho divertido.

Pedi o terceiro chope. Em pleno domínio de minhas faculdades mentais. Acho que a Austrália faz isso com a gente. As pessoas relaxam mais, mas bebem mais. Ou botaram água no meu chope.

Sentia o calor do sol nos meus braços, de mangas curtas, fora do colete de plumas. Primavera é tão bom...

Passaram duas mulheres da minha idade, de salto oito, bichon frisé na coleira rosa e boca com muito gloss. Cheguei a ouvir o scanner me esquadrinhando de cima a baixo. Fitei os olhos delas atrás dos óculos imensos, como quem diz: "Isso aqui é pra gente grande. Acho que o salto de vocês não aguenta um chope sozinhas na praça".

Na Austrália, eu passaria despercebida. Elas, não.

Hábitos diferentes. O bom de viajar é isso. Experimentar jeitos diferentes de viver a vida e adotar o que melhor lhe convém.

SANTA SICÍLIA

A Sicília, como todo o sul da Itália, é abandonada pelo governo, mas tem uma cultura riquíssima.

Aqui, eles são muito parecidos com os gregos. De fato, a Sicília já foi dominada e colonizada por muitas culturas diferentes, que deixaram marcas profundas, visíveis até hoje. Gregos, romanos, árabes, normandos, espanhóis, franceses e até nórdicos. Fico com a impressão de que aqui era um pouco como Constantinopla, onde cristãos árabes e judeus conviviam em paz. Na Idade Média, em Palermo, havia uma mesquita e hoje é uma igreja, onde, no fundo, há uma Estrela de Davi. Eles dividiam os cultos. Na sexta, era para os muçulmanos; no sábado, para os judeus; e no domingo, para os católicos.

Em Palma de Maiorca tem uma assim também. Dizem que são as duas únicas da Europa. Hoje eu visitei algumas lindas igrejas, com todas as firulas do barroco italiano. Aqui, segundo nosso amigo Stefano, muitas vezes os santos são mais importantes para os fiéis do que Deus.

Ele contou de mafiosos que mal se benziam na entrada da igreja, mas se prostravam aos pés de Santa Ágata ou Santa Bárbara. A Nossa Senhora, a Madona, também é veneradíssima. Diz-se à boca pequena que quando um matador precisa apagar alguém e não está à vontade com o crime, ele faz um acordo com a Virgem Maria para ela lhe dar um sinal. Fica combinado assim: se em três dias a Senhora não fizer nada, é porque há permissão para fazer o serviço. Em 99% das vezes, o profissional conclui a tarefa com a consciência limpa. Ufa!

A igreja é a casa do povo. Não há muita rigidez no comportamento. É comum ver crianças correndo, gente falando alto, mesmo na catedral. Aliás, foi assim, em voz alta, quase gritada, que avisaram que a igreja ia fechar e os visitantes deviam sair. E lá de trás do altar veio um guri batendo palmas, nos enxotando no melhor estilo granja, terreiro de sítio. Vamos, vamos, vamos... vai fechar! E nós, como boas galinhas que somos, deixamos o lugar, rindo e cacarejando baixo.

GRANITA

Há aqueles que tomam café com leite com uma torradinha. Os saudáveis, iogurte com frutas e granola. Os que estão de férias arriscam uns ovos mexidos.

Meu café da manhã de hoje foi típico desta região da Sicília. Granita e brioche. Granita é como um sorvete sem leite, a fruta muito bem batida com gelo e açúcar. Só.

Mas e a consciência? Sorvete de manhã? Sim. Não só é permitido, como também é natural e quase uma obrigação para o siciliano. E não sou eu que estou dizendo. Vi três policiais saindo de um bar. Foram tomar um cafezinho?
Não. Granita e brioche. Tô dizendo! Aqui na Disneylândia da comida isso é normal.

E digo mais: como a fruta aqui é muito doce, nem precisa de tanto açúcar. Mas a sensação é a mesma de comer sobremesa de manhã, faltar à aula sem estar doente e com permissão da mãe. A granita pode vir com chantilly. Em cima ou embaixo. Ou em cima e embaixo. Eu não me permiti. Achei que seria abusar de mim mesma. A porta de entrada para drogas mais pesadas. De acompanhamento, um brioche quente. Note que esse café da manhã é tradição de anos e anos. Mas brioche na Sicília? Sim, amigos. Brioche na Sicília. A receita chegou aqui há séculos, com os franceses. Os sicilianos aprenderam a leveza e ainda substituíram a manteiga pelo óleo: **Ecco! Já comecei o dia amando tudo isto aqui.**

O MAR — DENTRO DE CASA

Acabei de postar nas mídias sociais uma foto de uma guria andando pelos telhados de Paris. Uma abordagem diferente das ruas Saint Germain. Única.

Pois ontem eu cheguei pelo mar dentro de uma cidade secular. Dentro, bem dentro. Não aportei como em outras vezes em que cheguei, velejando, a alguma terra que eu não conhecia. Ancorar, pra mim, é deixar o barco longe, em algum pequeno porto ou iate clube e pegar um táxi, ou qualquer condução que me leve ao centro da cultura daquele lugar. O barco fica sempre longe. No mar. Dessa vez, eu segui no barco por águas salgadas, saí do grande braço de mar e me enfiei por entre as ruas.

Desci na porta do meu hotel.

E, naquele momento, Veneza me deu a sensação de ser minha.

Me senti tão feliz, como se estivesse voltando pra casa.

Será que fui uma marinheira infiltrada nas embarcações do Marco Polo pelo Oriente? Isso explicaria meu coração acelerado também quando chego no Japão ou nesta Constantinopla aquática. Que coisa forte. Que alegria tão legítima!

Claro, esse sentimento se dissipa e até some quando sou consumida por hordas de turistas nas vielas e pequenas pontes da cidade. Meu coração bate rápido, mas de outro jeito. Me sinto claustrofóbica, invadida, irritada, e a única coisa em que penso é sair correndo dali. Não consigo sequer apreciar a paisagem. Mas aí encontro um buraco, uma sacada, e respiro de novo. Vejo o mar e palazzine de dois, três andares, que terminam em calçadas à beira-mar, com janelas vindas do mundo árabe e mosaicos dourados bizantinos. Imagino a noiva que sobe o primeiro degrau da igreja saindo do mar. Dependendo da maré, ela sobe dois ou três degraus da escada consagrada por Netuno.
É quase uma Iemanjá que sai do mar a cada matrimônio.

DR EM VENEZA

Quando eu descrevia a paixão que estava sentindo por Veneza, ao ligar pra casa dos meus pais na minha chegada ao hotel, minha mãe concordou com a beleza e o romantismo que embebe a gente naquele lugar. Tão lindo. Aí, me contou entre pequenos risos uma historinha de amor entre ela e meu pai, aqui, no lugar que me parece o mais romântico do mundo. Eles tinham discutido. Eram os anos 1960. Brava, ela deu as costas, saiu andando e pegou uma gôndola sozinha. Uma chuva que era fina começou a cair mais forte. Abrigados debaixo da ponte, naquela tarde de primavera, não demorou muito para o gondoleiro começar a dizer "Che bella sei, signorina" etc. etc. Como a signorina já tinha esfriado a cabeça, mandou o gondoleiro seguir o barco e voltou para reencontrar meu pai no mesmo bar onde o tinha deixado, e ele seguia tomando um cálice de vinho, conversando com alguns velhos italianos que discutiam de onde vinha o vento.
Fizeram as pazes. Bem feitinhas, em Veneza.

GRIPE MALTESA

Malta. Sempre tive vontade, sempre quis. Uma vez, quase fui, mas na última hora, "faiô".

Vim ontem. Era o fim da viagem de vinte dias pela Itália para tratar da cultura e do futebol italianos. Eles vão jogar aqui hoje.

Só que na manhã do embarque comecei a ficar gripada. Minha garganta começou a pegar um pouco. Minha voz mudou de tom. Passei a falar como a Rogéria. No voo, assento B, aquele no meio de duas pessoas, comecei a tiritar de frio. Batia o queixo. Olhos cozinhando, nariz escorrendo, tosse e espirros. Meu vizinho, um suíço, louco de nojo de mim. Chegou a jogar — sim, jogar — de volta a manga do meu casaco que tinha escorregado sobre a perna dele.

Pedi um cobertor ao comissário: "Não, só para a primeira classe". Mas só tem três passageiros na primeira classe, não tem *nenhum* cobertor sobrando? Eu tinha arrepios de frio. "Não, não tem", disse ele com cara de para-de-me-incomodar- -porque-eu-odeio-o-que-eu-faço-e-odeio-você-também.

E aí, como sempre, Deus me envia uma mãe. No flanco esquerdo, uma senhora de 76 anos que viajava sozinha pelo mundo todo ficou puta. Sem me perguntar nada, pegou o casaco dela e cobriu minhas pernas. Um raio interno de culpa deve ter atingido o comissário, que então trouxe um cobertor. Ela me cobriu os ombros e me deu lencinhos de papel, porque viu que os meus tinham acabado. "Como uma mamma", ela me sorriu. Quase pulei para o colo dela e deitei a cabeça no ombro para choramingar um pouco, mas me contive. **Acho que eu esmagaria a pobre e boa senhora.**

Ela me distraía contando dos lugares que já tinha visitado, do que lia e de tantos países que ainda queria conhecer. Jogaram a comida gelada e plastificada em nós. Eu não quis. "Tem que comer alguma coisa", disse a senhora, atenciosa. Mas eu não consiiiiigo. Funguei. Ainda tinha que trabalhar quando chegasse a Malta. Por favor, comissário querido do meu coração, pode me trazer um chá? "Não. O chá vem depois de tudo." Assim mesmo, sem sorry, sem unfortunately... Tomara que ele pise num cocô de cachorro sem sapato. A senhora ficava indignada. Mas eu impedia que ela se alterasse e levasse também um coice da cavalgadura vestida de Malta Air.

Eu adormecia profundamente e acordava tossindo com a cabeça pendurada. Inferno de Dante. O purgatório deve ser assim. Ainda bem que o voo é curto. Então, finalmente, achei minha aspirina! Anjo de candura que caiu do céu para me atender, por favor, poderia me dar um copo de água pra tomar este comprimido aqui, haja vista a minha situação desmilinguida? "Não. Só depois que eu terminar tudo o que tenho que fazer", bufou. Obrigada, fofo. Fuck you very much! (Perdão aos amigos mais delicados.)

Finalmente chegamos. Levou uma hora para alugar o carro que não ligava direito e tinha o freio de mão quebrado. Rastejei até a portaria do hotel. Moço, onde é o estacionamento, por favor? "Não tem." Como não? Onde paramos o carro? Temos um milhão de quilos de malas. "Não sei, aí fora. O estacionamento é muito estreito e vocês não vão conseguir entrar. Eu não aconselho..." Tivemos que buscar muita força, resistência e paciência para ultrapassar as barreiras do mau humor e da incompetência até conseguirmos chegar cada um ao seu quarto. Não jantei. Não tinha serviço de quarto. Tomei um banho, um coquetel de vitamina C com aspirina e outras coisas e dormi.

Não consegui trabalhar. Hoje seria meu dia livre. Mas tive que trabalhar e juntar meus cacos. Fui ao médico, que me recomendou mais remédios e sossego. Tá bom. **Só vi Malta um tantinho assim. Achei linda. Quem sabe amanhã de manhã, antes de partir... Mais um pouquinho, meu coração.**

PECADO GREGO

Queridos, cheguei ao paraíso. Dá vontade de começar este texto assim. Mas quem sou eu pra dizer que o paraíso é assim? Ainda mais: quem sou eu pra estar no paraíso? Lugar de anjos, santos, gente sem pecado. Nem em pensamento. E o meu pensamento é pra lá de pecaminoso.

Começou antes da chegada: dentro do pequeno avião sem ar-condicionado. Sob o inclemente sol de Atenas, a quarenta graus, eu desejei o mal. O mal ao dono da companhia aérea, ao inventor daquela máquina que não funcionava, ao piloto que não levantava voo, ao vizinho da frente que não usava desodorante, ao guri de trás que repetia a mesma frase incessantemente... Desejei muito mal. Mas passou.

Meus pensamentos continuaram em pecado. O pecado da preguiça. Ao chegar a uma ilha na Grécia, eu só pensava em dormir. Eu estava cansada. Muito cansada, depois de duas semanas intensas de trabalho fora de casa e noites mal dormidas. Eu tentava conversar com o motorista, mas meu ânimo não me deixava ir além da terceira frase. E naquela van, indo para o hotel, a estrada foi ficando, a cada curva, mais espetacular. Tão espetacular que me despertava do transe de ameba em que eu me encontrava. De cabeça encostada na janela, tive forças para amar aquilo tudo. Ou, pelo menos, para sentir que aquele lugar seria importante para mim.

A Grécia é espetacular, mas não de uma forma artificial, produzida. É natural, ainda. Pelo menos onde estou, em Fiscardo, na ponta de uma ilha jônica chamada Cefalônia. Aqui, a Grécia ainda é aquela dos anos 1950, 1960, onde se pode tomar um banho de mar sem ter um salva-vidas a cada três metros de encosta, com regras escritas em panfletos. As crianças podem testar o seu lado peixe e se atirar das pedras brancas no azul do mar e procurar peixinhos. Tem estrutura, sim. O hotel é bom e é lindo, mas a garçonete, que ficou contente quando dissemos que ela parecia italiana, não sabia dizer pra que lado ficava a Itália. Itália "cidade grande". A estrada não tem buracos, mas é loucamente estreita. Loucamente porque eles dirigem nesse ritmo: na loucura e na sorte do mundo.

E azar do mundo, mesmo. Dane-se o mundo. Eu moro em Cefalônia, o lugar onde me refresco na água turquesa, cheia de cavernas iluminadas pelo sol. Onde as azeitonas são suculentas e têm gosto de fruta. Onde os figos e as alfazemas perfumam as passagens. Onde brotam os sentimentos mais profundos só de se olhar o mar. Amor, saudade, tristeza, melancolia, paz, felicidade. Onde falam a língua mais melódica e mais antiga. Onde os deuses nasceram. Deuses que viveram aqui cometendo todos os pecados que reconheço em mim, mesmo que em pensamento.

Comi demais, bebi demais, quis tudo isso para mim e para sempre.

AI, O PEPINO GREGO

O pepino grego é espetacular. Dito isso, sigamos adiante. Vocês não conseguem, né? Depois de uma declaração dessas. Justifico, antes que eu cause um grande furor.

O forte da cozinha grega são os ingredientes frescos: saladas, tomates, muito aneto, misturas refrescantes que aplacam o calor interno provocado pelo sol. Calor interno... calma. Aqui, em agosto, o calor é tão forte que a gente se sente quase febril. Por isso, qualquer coisa que abaixe a temperatura é bem-vinda.

Quando chegamos ao hotel, nos deram uma água gelada com um gostinho diferente. Algo muito sutil. Eram rodelas de pepino com o gelo, boiando na bela jarra de vidro azul. **Foi como se eu tivesse tomado um banho de chuva.**

Comi tzatziki, uma salada de iogurte grego (uma das grandes maravilhas do mundo) e pepino. Eu já havia provado esse prato em outros lugares, mas não tinha gostado. Aqui, virou meu prato favorito. Por quê? O pepino grego.

O que para nós é um legume geralmente ácido ou salgado por causa da conserva, aqui é quase doce e muito suave. Tem um chamado katsouni, que é quase um mergulho no riacho. Vários tipos de pepino são cultivados nestas terras áridas há centenas de anos.

Bela descoberta.
E assim como vários outros pepinos por aí, faz bem pra pele. Calma.

O COLAR

Quando eu nasci, ou talvez um pouco depois, uma grande amiga da minha mãe me deu um colar. Algo muito especial. Uma corrente fina de prata com uma cruz ortodoxa. Até hoje, nunca vi coisa igual. No dia em que fiquei desesperada achando que tinha perdido o pingente, pedi a um amigo que ia à Rússia que me trouxesse uma cruz como aquela. Ele trouxe algo totalmente diferente. Felizmente, quase um ano depois, reencontrei a cruz ortodoxa guardada em um esconderijo tão secreto que nem eu conseguia achar. Pois aquele colar era a minha joia. Minha mãe botava em mim quando eu ia a aniversários, com vestidinhos de flores, de veludo, de algodão xadrez, e depois o perfume. Fazia parte. Há alguns anos, voltei a usar o colar. Uso-o quase todos os dias. Não preciso mais estar de vestido. Mas, quase sempre, visto-o logo antes do perfume.

Ontem, às seis da tarde, ouvi os sinos da igrejinha branca de teto redondo que fica muito perto do meu hotel.

Botei um vestido longo, mais composto, e corri pra lá.
Desci desembestada pelas ruelas e escadarias de Santorini e consegui achar a entrada a tempo.

Estava com a minha cruz e queria assistir a uma missa ortodoxa. Nunca tinha ido. Mesmo tendo levado comigo aquele símbolo no peito a vida inteira.

Lá dentro, quatro velhas viúvas de preto e um velho barrigudo de azul conversavam como se estivessem na varanda de suas casas. Deviam estar falando sobre algum vizinho.

O homem me olhou e disse com sotaque carregado: "No photo". E fez um sinal com a mão, quase como quem toca uma cabra pra fora do cercado. Obviamente, sacou que eu era turista. Mal sabia ele que eu não era mais uma daquelas malas que atrapalham a vida dos moradores durante o verão, lotando os lugares, se atirando na frente dos outros para comprar camisetas, tirando fotos até da conjuntivite alheia. Esta cabra aqui ia ficar bem quietinha e acompanhar a cerimônia. Eu disse "no photo", e fiz o sinal da cruz, apontando para o altar. A velha mais velha das velhas logo me entendeu. Na cabeça, um lenço negro, como o resto da roupa. Deu um fora no barrigudo, do tipo: "Não chateia!". Me olhou e bateu a mão no assento de uma das cadeiras de madeira. Senta aqui, minha filha. Pode sentar. Acho que foi o que ela disse, em grego.

Foi um dos ambientes religiosos mais impressionantes em que já estive. Uma igreja pequena, com pouca luz, mas com imensos lustres de bronze. Muitas imagens de santos coloridos de olhos bizantinos, aqueles olhos grandes, e auras douradas e prateadas. O altar ficava no mesmo nível do lugar onde estávamos sentados. Aliás, havia cadeiras também ao longo das paredes, com altos espaldares. Em vez de um altar, havia um painel de madeira todo decorado, como se fosse um cenário, de fora a fora. E, enquanto dois jovens homens cantavam a reza com uma combinação de vozes incrível, como se fosse um mantra, o padre entrava e saía do cenário: saía por uma porta grande, com uma imagem de São Miguel, e entrava por outra, com o anjo Gabriel pintado. Levava o incensário balançando e espalhava por toda a igreja um perfume inebriante.

Tentei acompanhar o senta e levanta, sem entender uma palavra. Eles também fazem o sinal da cruz, mas diferente. Alguns encostam as mãos no chão. E quando entram e saem da igreja, beijam as pinturas de todos os santos. Às vezes, ficam as marquinhas de batom clarinho das viúvas no vidro do quadro.

A missa terminou. E eu saí da igreja meio mole, meio leve. Ganhei de presente, bem na porta, o pôr do sol dentro do mar. Caminhamos lentamente pelas ruelas, cada um voltando para sua casa, vendo o sol vermelho. Eu, as viúvas, o velho de azul, o padre e os jovens que cantaram.

Aonde um colar pode levar a gente...

VESTIDOS VIP

A situação foi a seguinte.

Acordada desde as 7 da manhã, trabalhei de pé no utódromo, no meio do deserto do Bahrein, até as 11h30 da noite. De lá, uma passada rápida no hotel e fomos direto para o aeroporto pegar o voo das 2h20 da manhã. Tá acompanhando, né? Esse voo chegou às 4h20 ao aeroporto de Dubai, onde a parte ainda viva de mim seguiu, num rumo certo e abençoado, até o lounge, onde eu tive que esperar cerca de cinco horas para o meu próximo voo, para casa.

No mundo maravilhoso do lounge da Emirates, há uma seção com camas. E foi pra lá que me arrastei. Qual não foi minha surpresa quando encontrei, sobre as duas únicas camas vagas, dois cabides com vestidos envolvidos em uma capa? Deitadinhos, ali, descansando suas fibras.

Antes mesmo de entender o que estava acontecendo, uma moça na terceira cama, de ladinho, mexendo no Instagram, levantou brevemente os olhos e avisou. Isso mesmo, avisou: "Meus vestidos precisam ficar assim e eu não posso removê-los, sorry". Então voltou com o dedinho e o olhar pro Insta. Nesse momento, as minhas fibras acordaram. Você quer dizer que seus vestidos vão ficar deitados aqui enquanto eu fico de pé? "Sinto muito, não posso tirá-los daí", disse a fofa, dessa vez sem tirar os olhos do celular.

Já com os pelos da nuca eriçados e me esquecendo dos coitados que estavam ali dormindo, ainda tentei trazer aquele ser estranho para o mesmo planeta onde eu vivo. Mas eu sou uma pessoa, e isso são vestidos! Por que você não põe isso no chão, já que está encapado e tem que ficar esticado? Recebi uma bufada de desprezo com um meio sorriso, como quem diz: você, selvagem, não sabe o que é alta costura.

Reagi.

É o seguinte, caguei pros seus vestidos, eu vou deitar aqui. Enquanto isso, Jayme foi buscar algum responsável. Depois de uns cinco minutos, a moça acabou se levantando e botando os dois vestidos na própria caminha.

Quando pedi o cobertor que estava sob as vestes sagradas, ela atirou na minha cama, desaforada e atingida pela derrota.

Demorei pra dormir. Não porque estivesse braba, mas porque fiquei preocupada com os vestidos ali ao meu lado, sem cobertor.

E se pegassem um resfriado?
A culpa seria toda minha.

SALAAM, PEOPLE!

Apesar da saudação árabe, aqui em Baku, nada de árabe. Ou só um pouco. Aliás, é uma mistura: uma colher de sopa rasa árabe, outras colheres cheias de sopa turca, várias xícaras de chá persas, uma temporada no forno russo. Armênios?
Não se fala disso aqui. "No, no, no", foi a resposta que obtive. São odiados pelos azeris (ou azerbaijanos). "Tentaram tirar a nossa terra", me disse a jovem de 20 anos. "É como se alguém pegasse o seu chapéu, entende?" Entendo.
Os descendentes dos que tentaram pegar o chapéu dos azeris que moram aqui mudaram de nome e sobrenome para não serem identificados.

No hall do bom hotel, neste lugar tão longínquo e culturalmente distante de mim, infelizmente tocava Jack Johnson. Gosto do Jack, mas não aqui, concordam?
Não curto globalização. Aqui o som tinha que ser muğam, um tipo de música linda na qual se recitam poesias.
O pessoal aqui ama literatura e música, por isso há estátuas de estadistas pela cidade. Mas uma moça que conheci me disse que não há. As estátuas daqui são de poetas, músicos, artistas em geral. Amei.

Na primeira saidinha, me perdi pela cidade. Tinha ido ao centro procurar um SIM card para o meu telefone. Mas as pessoas são gentilíssimas, apesar de alguns homens terem um jeito um pouco ríspido. Poucos falam inglês. No ponto de ônibus, quando perguntei para uma guria se ela falava inglês, não só ela falava, como saiu do ponto e me levou até onde eu queria chegar: Azercell. Que amor. Aliás, essa é uma lição para quem pretende viajar a lugares distantes: são os jovens que normalmente falam outras línguas, e as meninas estão sempre mais dispostas a treinar o novo idioma.

Não achei interessante me perder aqui.

Não foi por insegurança,
mas porque não era bonito o lugar onde eu estava.

Fora os novos prédios estilo Dubai e Abu Dhabi, fica claro o efeito devastador da arquitetura soviética. Foram 70 anos de dominação. Muito foi destruído, transformado em caixotes acinzentados. Me lembrou um pouco de Budapeste. Fui ficando irritada, porque eu estava tão curiosa sobre a cultura persa, sempre quis ir ao Irã.
Mas aqui, pouco consegui ver dessa cultura.
O Azerbaijão é um país milenar, ora bolas!

A maioria das pessoas em Baku é muçulmana xiita,
mas a relação com os sunitas que eventualmente resulta em massacres nos países árabes, aqui, é tranquila.

Tem até casamentos entre eles.

É nessa área que aparece um efeito positivo do domínio soviético. Com a proibição religiosa e a posterior formação do estado laico, a religião não exerce uma influência tão dominante e controladora como em outros países.

Aqui você pode ser muçulmano, praticante ou não.

As mulheres se vestem como querem, trabalham onde querem e têm uma relação de maior igualdade com os homens. No entanto, a virgindade até casar ainda
é importante para a grande maioria das meninas.

Pra concluir, a visita vale.

**A Cidade Secreta revela muito mais do que
a beleza de seus muros.**

BAKU, A CIDADE VELHA

É pra cá? É pra cá? E pra lá eu fui, caminhando entre os prédios que pareciam a Hungria pós-União Soviética. As gaivotas me lembram de que estou perto do mar, e os corvos de que estou longe de casa.

Cercada por uma grande muralha está a cultura preservada do Azerbaijão, em Baku, a capital. Casas ou prédios de dois andares com varandas enfeitadas de madeira. Os canhões e as catapultas foram encontrados ao redor do mundo pelos azeris e trazidos de volta de regiões onde foram usados em batalhas. Catapultas! O Palácio dos Shirvanshahs está revitalizado. As ruas de pedras, cheias de pequenos restaurantes típicos, bares e tendas vendendo roupas e quinquilharias são patrimônio cultural da Unesco. Mas o mais gostoso é que esta velha cidade tem vida, e não é a de alemães de meias e sandálias nem a de gringos de Havaianas, mochilas coloridas e tênis de correr.

Ao subir a rua, vi tapetes persas expostos ao sol sobre a mureta secular, guris jogando bola e chutando o gol na muralha. Aqui dentro, está preservada a Cidade Secreta. São construções do século VII, algumas reconstruídas sob diferentes domínios: russo, persa, entre outros. Mais adiante, outros meninos, de 10 ou 11 anos, que tinham acabado de tomar um banho num chafariz ali perto, estendiam seus shorts e camisetas para secar e se deitavam sobre as largas escadarias, esquentando-se sob o solzinho e vestindo apenas meias e cuecas coloridas.

A visita ao palácio onde viveram três dos mais importantes xás foi superinteressante. Esculturas detalhadas de flores em baixo relevo, leões e cabeças de touro (o símbolo de Baku) e palavras persas escritas em letras árabes. Aliás, assim como os árabes, os azeris também eram mestres em explorar a luz e a circulação de ar e som em seus palácios de pedra e mármore. Tão diferentes dos medievais europeus e seus castelos escuros! Aqui, os servos trabalhavam no subsolo. O teto do subsolo era o chão dos senhores, e nele eram postas placas de ferro com desenhos vazados de flores, alinhadas à mais alta entrada de luz do palácio. Assim era possível receber luz natural mesmo debaixo da terra. Algumas paredes tinham buracos. Desculpável, afinal estamos falando de uma construção de muitos séculos... Nada disso! Esses buracos eram o interfone da época. A acústica foi feita de tal forma que, ao falar na cavidade, o pessoal do andar de baixo ouvia e subia com o que tinha sido pedido. No subsolo também ficava o réu a ser questionado pelo rei e por seus assessores. O acusado ficava somente com a cabeça pra fora daquela espécie de ralo. Naquela sala do andar de cima, todos se sentavam no chão, sobre tapetes. A pena era então estipulada para a cabeça, mas a punição não acontecia ali, porque aquela era a casa da família real. Punições menores, do dia a dia, não necessitavam disso tudo. Por exemplo, os grandes bigodes cultivados e enrolados tinham suas pontas cortadas se o indivíduo fizesse algo errado. Assim, o coitado era facilmente identificado como um delinquente.

Nos hamams, espécie de spas com sauna e tanque para banho, havia dias para as mulheres se banharem e dias para os homens. As mulheres usavam suas melhores roupas, porque ali a mulher do xá escolheria, após minuciosa análise, as esposas para seus filhos.

Quando saí do palácio, continuei flanando pelas ruas até encontrar uma porta linda, de madeira trabalhada, e as paredes ao lado cobertas de heras e flores. Era um hamam. Oba! Cheguei mais perto e vi, no aviso perto da porta, que os dias de homens e mulheres estavam especificados por números romanos, mas ainda assim fiquei confusa. Afinal, I era domingo ou segunda? Então, cheguei ainda mais perto da porta, que estava aberta. O corredor estava vazio, assim como a bancada do fundo. Fui batendo nas paredes de madeira para anunciar minha chegada. Entrei cuidadosa por um corredor à esquerda. Alô? Adentrei ainda mais e... me arrependi. A ideia romântica de estar entre lindas moças da realeza persa, envoltas em vapores de ervas e banhos de mel e flores no século XVII se desfez em duas enormes nádegas peludas. Escapuli de lá feito um coelho espremido. Sem ao menos ser notada. Ainda bem.

E I é segunda, tá.

No lobby, hoje, estava tocando Elvis.

MARROCOS

O sol vai se pôr, então eu tenho que ser rápida.

Isto é o que as pessoas chamam de aventura, e eu, de experiência de vida.

Não me meti no Marrocos para cavalgar com um staff de caminhão atrás de mim caso algo aconteça ou eu me canse.

Vim para o Marrocos porque não conheço nada do que prometeram me mostrar. Porque não conheço a cultura e nunca viajei a cavalo.

Não me inscrevi neste programa pra andar com mais nove pessoas falando sem parar pelo caminho. Tampouco para chegar toda noite em algum lugar luxuoso que, pra ser luxuoso, foi construído recentemente com uma equipe de filipinos, americanos e franceses que vão me receber com uma tigela de prata com água de lavanda. Muito menos para dormir em um quarto que poderia ser em qualquer hotel chique do mundo. Não me entenda mal. Quem não gosta? Quem não ama conforto? Não é isso.

Mas ao atravessar as montanhas Atlas, onde só crescem árvores de argan, não tem como naturalmente ter isso.

Também não tenho o desprazer de ver, vez ou outra, o lixo em volta de cidades, a pobreza. Mas todas essas coisas também fazem parte da vida. E a vida é coloridíssima.

Portanto... vamos à experiência de vida.

Tive a sorte de ter apenas uma companheira no grupo. Annie. Uma inglesa porreta, como diriam minhas amigas baianas. Toca sozinha uma pequena fazenda em Oxford e trabalha com pessoas autistas. Já andou por Mongólia, Alasca, Bornéu. Economiza cada centavo pra poder ter férias como estas.

Nossa guia, a admirável Noura.

Noura é centaura. Nasceu pra lidar com cavalos. Ela preparou os nossos, adestrou como se deve, desenhou o percurso. Tem 33 anos. De família muçulmana, saiu de casa aos 15. Teve dois filhos. É independente de tudo. Se impôs neste mundo e gerencia a vida sabendo cozinhar lindamente e usando lápis preto nos olhos.

Nossos pertences precisavam caber em bolsas duplas que ficam sobre as ancas dos cavalos. E eu não queria, obviamente, que ficassem pesadas. Diminuí tudo. O culote seria o mesmo para dois dias. E esquece a escova de cabelo. Ah, é? Ruim? O que é melhor, andar descabelada de capacete ou não ter lenços umedecidos para eventuais xixis ou cocôs no deserto?

Ruim, né?

E por falar em cocô, eu sei que você ficou desconfortável, mas o meu cavalo, não.

E hoje eu tive a pior briga da minha vida com um cavalo.

Fato é que o garanhão negro, voluntarioso, galopador,
que é o meu companheiro nesta viagem ama cocô. Comer cocô.

Então o amiguinho da frente se aliviou e quem disse que eu
conseguia fazê-lo não se atracar nas bolotas e seguir em frente?

Foi rédea forte, bateção de calcanhar. Até relho teve que rolar.
A treinadora dele, e depois eu, gritávamos como se fosse
pra um cachorro: **Atlantique, para já com isso!!!
Vamos embora. Vamo! Chega!**

O Atlantique de ataque. Sapateou. Pulou. Empinou.
E não largou o prato.

Na terceira empinada, eu desci e levei a criatura na mão,
caminhando adiante: feioso! Feio! E além de tudo traidor,
porque te dei maçã agora há pouco.

Remontei e segui.

Me senti um fracasso total! Aliás, apesar de todas as maravilhas
que vimos hoje, e do calor, e do teste de resistência, porque
andávamos a passo nas descidas e galopávamos nas subidas,
foram cinco horas pra baixar bem a minha crista e assumir que:

1. meu preparo físico tá... as bolotas que o Atlantique gosta.
Entendeu? Cheguei morta.

2. eu monto pior do que eu imaginava. Ou seja.
Menos, Mariana... menos.

Noura não concorda. Mas ela é muito querida e sabe que
amanhã serão doze horas de viagem.

**Atlantique e eu fizemos as pazes.
Mas a questão de "quem manda aqui" ainda não está
clara entre nós. Pelo menos quando houver cocô de
cavalo em jogo.**

TALHERES DE PRATA

Depois de chegar a 1.200 metros de altitude, descemos a um pequeno oásis em um vale. Lago, palmeiras e um pequeno hotel para viajantes. O lugar é típico berbere e eles quase não falam árabe. Não tem ar-condicionado, mas o meu quarto é todo azul. Não tem shampoo, mas o espaldar das camas é todo marchetado em lindos motivos em cobre e estanho. Não tem cabide, mas tem estante, e a minha janela dá pra uma árvore carregada de tâmaras e bate uma brisa leve. A porta é de madeira esculpida.

Só quem trabalha aqui são as pessoas do vilarejo. E quem construiu foi obrigado também a construir uma escola. É a lei. As mesas são em mosaico e o senhor que nos recepcionou ofereceu primeiro batata frita — tô brincando —, chá de menta, algo que se oferece a todo visitante que chega a sua casa. Além disso, é de praxe um pão dos deuses feito em casa, azeite de oliva, mel e uma mistura de amêndoas com óleos de oliva e argan que é de comer ajoelhado. Aliás, a cozinheira varre o chão agachada, como todas as mulheres aqui. Prefere. Ela mora sozinha. Acorda todos os dias às 4:30 e vai colher os legumes, as tâmaras, o argan. Ela faz o óleo, a própria farinha, o pão. Usa vestido azul e dá três beijos de um lado só, sorridente e acolhedora.

Você se importa mais com talheres de prata?

Pensa bem.

Desencilhamos os cavalos, botamos o feno já separado pelo hotel e depois eles precisam esperar uma hora pra beber água. Caso contrário, têm cólica. Só então eles vão dormir e descansar para o dia seguinte. São atletas! Eu não. Mas vou fazer o mesmo.

Comer o tagine preparado pela Arghia, ver o céu estrelado no isolado e árido Alto Atlas. Estou em um mundo totalmente diferente do meu, e tudo vale a pena ser ouvido, olhado, provado. Atlantique e eu restabelecemos a relação, mas ele odeia descidas, embora galope nas subidas. Portanto, algumas vezes eu desço, pra poupá-lo. Mas preciso ir puxando pela rédea como uma criança de 500 quilos. A viagem é assim, equipe e eu precisamos saber quando exigir e quando aliviar. Estou com bolhas nas mãos e nos pés. Mas meu coração tá encantado com a hospitalidade berbere. Aliás, esse povo, os primeiros a viverem aqui, é famoso por isso, além da retidão e da discrição.

CHÁ BERBERE

O surpreendente Marrocos muda de uma hora para outra.

Saímos do Alto Atlas, a profunda região do argan onde mulheres nos convidavam a entrar em suas casas para um chá com menta e um pão feito na hora (sim, sempre feito na hora), onde conseguíamos trocar experiências, fofocas e boas risadas, ainda que não falássemos a mesma língua. No mundo à parte dos homens, éramos convidadas à sala central, e todas nos olhavam curiosas. Graças à nossa guia meio árabe meio berbere, soubemos que tirar óleo dos frutos do argan era o que elas mais gostavam de fazer naquele isolado e árido lugar, porque era quando todas ficavam juntas e podiam falar sem parar.

Nesses locais, as famílias dividem a mesma casa. Primos, tios, filhos, pais e avós. Os mais velhos são sempre muito respeitados. Ao sair, recebemos muitos beijos e braços das "meninas". Não deixaram fazer foto delas, mas éramos nove uma vez, cinco em outra, e muita conversa solta... enganam-se os que acham que o mundo muçulmano é todo igual e predominantemente masculino. Realmente se enganam. Conto mais depois.

Graças a essas pessoas, nossa viagem foi bem menos cansativa e muito mais amorosa.

PORTA DO DESERTO

Na segunda parte da viagem, trocamos cavalos, ritmo e tipo de prazer. A força aliada à resistência não é o mais importante, mas a força aliada à potência, à velocidade. O relevo agora é outro. Mais plano, feito pra correr! Comecei meus dias com Dubai, um jovem de três anos, ainda em desenvolvimento, com um galope que me fazia voar. Como se não tocasse o chão.

Fomos recebidas em um antigo acampamento Tuareg, que hoje abre as portas aos que estão entrando no deserto. De fato, o fim dessa estrada se chama A Porta do Deserto. Depois do chá com hortelã e do tagine de frango com legumes, não aguentei meia hora e capotei na minha caminha, sob uma tenda apoiada em um muro de pedra, cheia de tapetes por todos os lados. Dubai é guloso. Comeu a beira da cerca de bambu dos nossos anfitriões. Quase morri de vergonha. Dei um disfarcex e resolvemos fazer um agrado a um dos caras que nos receberam. Ele pediu pra dar uma volta. Pediu. Subiu. E desceu. Ficou com medo. Dubai é bem domado, mas tem personalidade forte e muita potência. Não sabe muito bem o que é ser gradativo nem pra mais nem pra menos.

Pulando as marchas, entramos no deserto. Aprendi a subir dunas com ele, distribuindo bem meu peso, quase deitada sobre seus ombros e estimulando muito com a voz. Esses cavalos reagem mais aos comandos de voz do que aos de rédeas e pernas. A descida é um pouco assustadora, mas quando do outro lado tem o mar, tudo fica mais fácil. Sim, a cavalgada no deserto termina no mar. Coisa de sonho. Entramos sem medo das ondas até os meus joelhos. Montada! Delícia após um dia no deserto. E chegamos molhados e contentes na casa de Habiba, uma mulher que veio do sul do Saara pra viver ali com os dois irmãos.

HABIBA DO SAARA

Habiba chegou em casa depois de nós. Sorridente, brincalhona e bonita, ela é uma figura fascinante. Ela é saaraui, como se chamam os nômades que vivem no Saara. Sua tribo é do sul do deserto e ela decidiu vir morar parcialmente aqui na beira do mar com dois irmãos. Cada um tem sua casa. Habiba é independente e falante. Enquanto conta o seu dia de muito trabalho com um grupo de poloneses e o que vai cozinhar para o jantar, ela traz um grande tapete em tons de vermelho e cheio de símbolos que pertencia ao seu pai e o estende no chão, deixando tudo mais acolhedor. Quase como pôr uma toalha de mesa. Toda casa árabe ou berbere onde estive tem uma sala com sofás encostados nas paredes, fazendo o contorno sem divisão para braço e cheios de almofadas. No centro, uma mesa geralmente baixa. Por aqui, a refeição não se resume a se alimentar. Não existe algo rápido. A refeição invariavelmente é um momento de comunhão e conversa. O nosso jantar durou muitas horas. Habiba, "amor" ou "querida" em árabe, nos contou que os saaraui se dividem basicamente em dois grupos: os mais ligados ao islã e os sufistas, uma banda bem esotérica da religião muçulmana. As mulheres pouco saem de dia. Conservam a pele o mais branca possível. Mas não Habiba, que não está nem aí.

Ela conta que as mulheres do Saara são conhecidas por dominarem tratamentos para pele e cabelos com ervas e óleos. São muito vaidosas e festivas. Podem deixar seus maridos por outros quando quiserem e sem dar explicações, diz ela. E pegar um cavalo e sair por aí, como nós? Não, aí não. Eles podem ser muito ricos. Fazem muitos negócios com a Mauritânia e a criação e o comércio de camelos é bastante rentável. Em grandes festas, às vezes, mandam trazer víveres de jipe das cidades. Ainda assim, têm orgulho de que seus alimentos e remédios sejam puros, sem aditivos, não venham das cidades. São grandes contadores de histórias. O acolhimento aos passantes é uma questão de honra e deve ser feito com o que se tem de melhor. Além disso, essas tribos também eram conhecidas por aqui pela retidão e pelo valor da palavra. Diferentes dos berberes, são mais abertos a misturas, e por isso seus valores têm se diluído, segundo ela, com a chegada de marroquinos.

Eu pergunto se ela tem vontade de se casar e com que tipo de homem. Para ela, o mais importante é que seja um homem com quem ela possa dividir as coisas do dia a dia, conversar, e que os dois se apoiem em suas vontades mais importantes. A noite é longa entre conversas profundas e gargalhadas. Todas nós jogadas nos sofás e pelo chão, no tapete.

Mas as tradições seguem, inclusive a de serem grandes festeiros em suas tendas e sob as estrelas. Peço pra ela cantar alguma coisa. Ela não hesita em virar a bandeja redonda de metal trabalhado, catar um garfo e uma faca, e na batucada forte, levar uma canção superanimada. Cantamos e, claro, dançamos ... A recepção saaraui no fino da bossa.

Habiba me deu suas pulseiras na despedida e eu lhe dei meu lenço.

Ter confiança em si mesmo é outra coisa, não é verdade?!

Que o diga Dubai, meu fiel companheiro. Aquele do galope veloz e macio. Aquele que voa, mal tocando as sapatilhas no solo, como Usain Bolt.

Aquele que deixou todos pra trás. Também aquele que se assusta com o cachorro que sai de repente da moita. Aquele que para instantaneamente, sem derrapar.

Sim, eu saí pelos ares. Sim, eu ainda saí rolando pela estrada de terra. E não, não quebrei nada! Amém. Insha'Allah. Obrigada, Nossa Senhora Protetora dos Desembestados. Vi que tudo se mexia. Braços, pernas, cabeça protegida por capacete. E o Dubai ali, parado, me olhando como quem diz: "Canário, Mariana! Tudo bem por aí?". Tudo. Dei uma respirada, uma alongada, e montei de novo.

Segui com ele por mais uma hora, mas minhas costas e meu pescoço não me permitiam mais o trotezinho impaciente. Eu só conseguia passo e galope, portanto, troquei Dubai por Macomba, o boxeador peso-pesado da Noura. Pelo tamanho do pescoço, do peito e da bunda, ele deveria se chamar Maromba. Macomba tinha sido acalmado por Noura nos dois primeiros dias. Deu uns pitizinhos de não querer ir na hora que ela pedia. De não querer ser tocado enquanto comia. Lembro que estamos falando de garanhões aqui. Cruza de árabe, cheio de personalidade, com berbere, de extrema potência e certa teimosia. Bichos espetaculares, mas que definitivamente me ensinaram a não olhá-los como ursinhos fofos e desprotegidos. Somos parceiros. Cada um faz pelo outro o que lhe falta. E, claro, rolam uns carinhos no caminho. Eu beijo muito, abraço. Ele agora deixa.

Me suporta. E volta e meia apoia a cabeça no meu ombro, quando desmonto. Quando caminhamos juntos pelo trajeto, ele prefere que eu vá com a mão embaixo da bochecha dele, lado a lado, conversando, e não na frente, segurando a rédea. Somos amigos, Maromba, a poltrona cavalgante, e eu. A passo tranquilo ou a galope-ninguém-me-segura. E seguro. Mas seguro porque ele aprendeu com a Noura; senão, no máximo dos máximos, só um leão o reteria.

Forte pra canário.

Amo.

SERÁ QUE EU GOSTO MESMO?

GOSTO

Sim, houve momentos em que eu pensei... será que eu gosto tanto assim de cavalgar? Será que precisava de tantas horas a cavalo por dia? Pra que mesmo que eu inventei tantos dias? E os cavalos? Será que estão sofrendo? Será que tô velha pra isso?

A resposta vinha diariamente, em vários momentos do dia.

A cada paisagem deslumbrante e totalmente desconhecida. Eu quase não tinha contato com essa geografia e essa cultura do deserto, das montanhas do Alto Atlas, das praias e dos penhascos da costa sul do Marrocos, dos oásis verdejantes em meio a uma vasta extensão de terra árida, onde se cultiva a também desconhecida pra mim árvore de argan.

Cabras sobem nos galhos das árvores de argan pra se alimentar, acreditam? Eu vi! Era o próprio pé de cabra. E por isso têm uma carne tenra, amaciada pelo fruto oleoso que elas comem durante a vida toda.

No auge do cansaço e, não vou negar, de saco cheio, com bolhas nos pés e nas mãos, com sede e pena do cavalo cansado, fiquei irritada quando a inglesa quis parar pra comprar o óleo de argan feito por umas senhoras que moravam na beira do caminho. Elas tinham o óleo pra cozinhar, que é o cozido, e o óleo pra pele e cabelos, que é o cru. Pô, tanto faz! Vamos nessa. Tá, divido o preço sim. Compra logo e vamos, temos ainda muitas horas pela frente. Mas ela me fez descer e entrar...

E mais uma vez a resposta: todas as mulheres que ali viviam vieram nos conhecer. Uma mesa foi preparada rapidamente com quitutes feitos por elas. Algumas jovens, outras já de boca murcha com um dentinho só. Todas de olhos pintados, com anéis, pulseiras e brincos. Trouxeram água fresca em um jarro e uma bacia enfeitados em latão para lavarmos as mãos e o rosto. Comemos, bebemos chá, relaxamos nas almofadas. Os cavalos também tiveram chance de se recuperar na sombra. Ganhei muitos beijos e abraços. Os beijos todos de um lado só. Agradeci à inglesa Annie e me desculpei por ter bufado. Você tinha razão, eu disse. Tínhamos que parar aqui.

Portanto, sim, precisava de tantas horas por dia, pra chegar à mais profunda região onde dificilmente se chega de carro e a pé é muito longe.

A cada dia, chegávamos a uma paisagem totalmente diferente e a víamos mudar pouco a pouco ou de repente, como o mar imenso que surgiu depois das dunas de areia em Daoira.

Meu corpo se recuperava mais rápido do que eu imaginava, não havia dor pela manhã e sim um café da manhã local com iguarias diferentes pra experimentar e se nutrir pra aguentar um novo tirão.

E sempre, sempre algo novo, combinado com o conforto de já saber algo velho. Eu já sabia como comer, já sabia como me comportar... Sabia também uma ou outra palavra de elogio ou agradecimento. A risonha Sadia, que quer dizer aquela que é feliz, me mostrou de onde vinha aquele cheiro tão bom... era uma mistura de resinas de árvores e flores maceradas e perfumadas no Iêmen. Elas põem essas bolinhas sobre as brasas que estão quase sempre acessas em um recipiente de cerâmica para o chá ou o tagine.

Sim, precisava de todos esses dias.

Na penúltima noite, dormimos na frente do mar em tendas árabes, um camping fechado, graças a Deus. Explico. Atlas, o cavalo da Noura, se soltou. Ele é arteiro feito guri de short, sem camisa e de chinelo. Sozinho, ele aprendeu, esfregando a cabeça no moirão, a tirar o próprio cabresto. Não contente, foi direto ao Flamenco, cavalo da inglesa, e o ajudou a fazer o mesmo. E assim, os dois malucos saíram pelo camping, Insha'Allah, vazio, pulando de um lado para o outro e correndo desembestados. A cena durou mais de uma hora e meia, porque era impossível pegar os dois garanhões. Ao fim de tanta brincadeira, já mais calminhos, vieram até o restaurante, onde, àquela hora, nós já estávamos calmas também, tomando chá.

Deu, então, criaturas? Podemos voltar ao normal?

Bem quietinhos, ali ficaram.

Cabresto posto, agora com trava especial, caminhamos aos seus devidos lugares e boa noite, beijo no focinho.

Sim, adoro cavalgar, e não, eles não estavam sofrendo. São atletas.

Portanto, saldo final da aventura: positivo com estrelinhas.

Ah, velha? Ainda não. Enquanto eu for curiosa, vai haver brasa com resinas cheirosas perfumando o meu coração.

A CHEGADA

Só não foi mais festiva porque nós três estávamos muito cansadas.

Os cavalos também, mas eles foram brincando com o vento, em cima da carreta, como cachorros com a cabeça pra fora do carro.

A chegada estava programada com requintes.

Quando eu achava que nada mais me surpreenderia naquela viagem: ora, ora, Mariana, ledo e ivo engano!

A guia estava animada: vou levar vocês num hamam e volto depois pra buscar. Aí vocês vão poder relaxar de verdade e fazer esfoliação et cetera, disse ela com gestos de beleza para pele e cabelos.

"Ah, que legal! Tô dentraço", disse a Mariana que havia seis dias não penteava os cabelos depois do banho porque tinha deixado a escova no hotel e não passava um hidratante sequer porque o tubo pesaria na mala sobre o lombo do cavalo. Portanto, vamos nessa, disse a Moura Torta. Cor de laranja pelo pó da estrada e cheia de areia nas botas e nas orelhas.

Chegando lá, demos de cara com algo que se parece com vestiário
de clube. Mulheres se vestindo ou se despindo, arrumando as filhas,
e outras, meio deitadas sobre o balcão de azulejo à la Maja Desnuda.
Mas tava "nuda", com uma toalha enrolada.

Noura, a guia, me disse: vocês podem tirar a roupa,
ficar só de calcinha e entrar ali por aquela porta
que aquela senhora vai se ocupar de vocês.

"Salaam Aleikum", eu sorri pra ela.
De volta, apenas um aceno de cabeça e um olhar de tédio.

A senhora parecia a Dona Hêdi, uma polonesa que fazia faxina
lá em casa e era capaz de levantar o sofá com uma mão
e passar o pano por baixo com a outra. Uma vez ela disse
à minha mãe: entendo que são suas férias com as crianças,
mas era melhor não me deixar sozinha em casa com o seu marido,
porque, embora ele seja um homem respeitoso, é muito difícil resistir
a "este corpaço aqui". Quando minha mãe contou ao meu pai,
foi ele que não quis ficar sozinho com ela, por medo.

Fiquei com saudades do Macomba.

Entrei, meio sem saber onde botar as mãos e o que tapar...
tudo isso passou quando, na imensa sala de mármore e azulejos,
como uma sauna úmida, cerca de duas dezenas de mulheres
de todas as idades, cabelos soltos, sentadas, de pé, estiradas,
esfregavam esfoliantes em braços e pernas, lavavam cabelos
e afins com baldes de água morna. Parecia uma cena de quadro.
Todas conversando em pequenos grupos.

**Fiquei ali parada como quem acaba de chegar no baile,
não conhece ninguém e ainda está com a roupa errada.**
No meu caso e da inglesa, era o fato de sermos as únicas duas brancas
azedas da paróquia muçulmana.

E aí, pego o balde? Posso? Ponho água ou não?
Posso me sentar ali ou já é de alguém? Tomar decisões parcialmente nua é, no mínimo, desconfortável.

Mas minha aflição durou pouco, porque a Dona Hêdi e uma colega da mesma categoria de peso vieram mandar em nós.

Senta ali. Em árabe. Mas com mímica bem clara.

Sentei como um cachorro esperando por biscoito.
Qualquer coisa que ela mandasse, eu reagia instantaneamente. E então descobri que essa Dona Hêdi não era a faxineira, mas a babá, ou melhor, faxineira de gente, porque o que se seguiu foi uma esfoliação completa. Derme, epiderme, microderme, subderme... Acho que a última pessoa a me dar um banho assim foi minha mãe. Mas foi com amor. Ali, eu era o sofá da Dona Hêdi. Almofadas para cima e bora esfregar as manchas.
Até no meu rosto ela esfregou a luva áspera.

Fez assim: fecha os olhos. Eu fechei.
Ela também lavou os meus cabelos.

Eu não conseguia sequer olhar para Annie nessa coisa de vira pra cá e vira pra lá, porque naquela mistura de lavanderia com açougue, eu tinha certeza de que se eu começasse a rir, não pararia até o GP de Abu Dhabi.

Enfim, Annie eu deixamos metade de nós mesmas lá dentro.

Agradecemos. Shukran.

A inglesa saiu com os olhos arregalados. Eu parecia um balão de aniversário sem nó. Ri até chegar ao rancho pra jantar.
E a impressão que eu tive foi que Macomba me olhou de soslaio, de dentro da baia, com um meio sorriso naquele beiço de veludo.

ATERRISSANDO EM DÉLHI

Praticamente não dormi no voo, mas meu cansaço não diminuiu em nada minha excitação quando ouvi que, em poucos minutos, pousaríamos em Délhi ("Dili", como eles dizem aqui). O pouso foi arremetido porque havia algum objeto na pista, disse o comandante.

Os trâmites de imigração foram rápidos e simples, num aeroporto novo e bem organizado. Do lado de fora, Anil me esperava, todo vestido de branco. Meu motorista poderia se chamar azul anil, de tão bonzinho. Sorridente e solícito, me chamava de madame o tempo todo. Lembrei que um amigo indiano me disse para não ser muito friendly com estranhos na Índia. Como em todos os lugares, há boas e más pessoas. Estava com isso na cabeça, mas não quis sentar atrás no pequeno Fiesta, pois queria ver tudo o que pudesse desse lugar tão estranho para mim. Queria o para-brisa todo pra mim. Sentei ao lado do Anil. O inglês dele era muito limitado e tinha um fortíssimo sotaque, mas não demorou muito para que nos entendêssemos e eu acabasse cedendo com tantos sorrisos para cada vírgula do que eu dizia.

Anil me contou que era casado. Eu prontamente respondi que também era. Ele disse que tinha dois filhos. Eu também, menti. Not too friendly… O pai e o irmão dele eram do exército, mas ele não gostava de armas. "Toco flauta." É mesmo, Anil? Que legal. Eu adoro música. Anil sorriu e franziu o nariz.

Tirou do quebra-sol uma flauta de bambu, toda remendada com fita plástica. Mais simples do que aquilo não existe. "Eu vou tocar pra senhora, madame." Pode tocar, Anil. "Mais ali na frente, porque aqui tem muito trânsito", ele apontou.

Eram duas da manhã numa isolada via expressa. Anil parou o carro no acostamento. Não sei por que achei que ele iria tocar enquanto dirigia. Só se fosse Shiva, cheio de braços! Not too friendly, not too friendly... Ele puxou a flauta, se ajeitou no banco e, sem tirar o cinto de segurança, tocou pra mim. Uma melodia indiana, meio onírica. Nem uma nota em falso, desajeitada, insegura ou desafinada. Anil era músico de verdade.

Ouvi até o fim, incrédula. Agradeci. Ele sorriu e também agradeceu, guardou a flauta no quebra-sol e seguiu pela estrada costeada de favelas até a imponente entrada de mármore do meu hotel, onde quatro empregados abriram a porta do meu carro dizendo bem-vinda, levaram minha bagagem e me encaminharam para a recepção. Voltei para o carro. Apertei a mão do Azul Anil e agradeci mais uma vez.

"Thank you, madame", disse ele, franzindo o nariz.

ESBOÇO DO PRIMEIRO DIA

Hoje é Diwali, uma das maiores festividades hindus. Depois de muita intriga e luta entre deuses (a trama envolve uma dezena deles), hoje, basicamente, se comemora a vitória do bem sobre o mal.

O festival das luzes começa no início da noite. Do meu hotel, vejo fachadas de casas e prédios iluminados com cores diversas, fogos de artifício explodem esparsos, mas constantes, pela cidade. No chão, algumas flores e pós coloridos formam desenhos bonitos. No centro desses arranjos, o berço da luz: o fogo em um pequeno castiçal de barro.

Fui a Connaught Place, onde há um monte de lojinhas, vendas e mercados. Como é feriado, muita coisa está fechada, mas achei uma loja aberta, onde comprei uma espécie de bata. Enquanto eu perguntava o preço, o dono olhava para cima, buscando inspiração divina, e inventava: 1.500 rúpias... 1.800...

Muita gente pobre na rua. Mas as mulheres estão sempre com uns sáris lindos. Rosa, vermelhos, verdes, laranja. A vestimenta lhes dá uma elegância impressionante, mesmo que estejam sentadas na calçada, no meio do lixo, ou pedindo dinheiro nos sinais.

Até agora, pelo que pude notar, a cidade é espalhada. Não há verdadeiramente um centro cultural, comercial, financeiro ou mesmo religioso. Tudo fica distante, à beira de avenidas largas ou em vielas que se contorcem, dando um nó nos miolos de quem tenta se situar.

Hoje temos um novo motorista. Sukdeu. Obviamente, entre nós, brasileiros, virou outra coisa: "Nossa, Fulaninho sukdeu naquela hora!". Mas Sukdeu tem nos salvado. Eu estava em dúvida entre visitar um templo e uma tumba. Fui na do Sukdeu. A tumba era mais próxima e foi ESPETACULAR! Adorei explorar os jardins, vi o pôr do sol e deu tempo de ver tudo. Me dei bem, e graças ao Sukdeu, eu não "sikudi". Ele é bem moreno, mas tem o cabelo meio ruivo. Se veste sempre de branco.

Infelizmente, nem o pessoal do hotel nem o Sukdeu conseguiram nos explicar exatamente onde é o melhor lugar para assistir às festividades das luzes. Pelo jeito, é algo que cada um faz na sua casa e vai soltando fogos. Mais para Natal do que São João.

Daqui da minha janela está bacana de ver. Mas confesso que eu preferiria estar no meio do folguedo. Queria conhecer alguma família indiana para ser convidada em casa e jantar, sentir como é a coisa de verdade. O fato é que nessa data temos que venerar Lakshmi e Ganesha, deuses da beleza e da fortuna.

Hoje aprendi a dizer obrigada em hindi. Depois de muitas tentativas que me fizeram chorar de rir.

"Sukdeu, how do you say 'thank you' in hindi?"
"Thank you", agradecia ele, sorrindo pra mim como que querendo concordar com algo que eu havia dito.
"No, Sukdeu. How do you say 'thank you' in hindi?"
"In English, madame?"

"No!!! In hindi!!"

"Thank you", ele sorria.

"Sukdeu, how do you say 'thank you' to your mother?"

"No, no thank you..."

"Sukdeu, I say thank you. You? You say...?"

Ele sorria. Depois de um tempo, ele interrompeu o silêncio do carro e disse:

"Ha!!! Shakti. 'Thank you' is shakti."

"Aaah, Sukdeu! Shakti!". Finalmente.

Shakti. Ou era raksha? Me deu um curto-circuito entre o elevador e o meu quarto. Quando a gente tenta aprender palavras de um idioma do qual não tem referência: ou decora ou já era. Cheguei na minha mesinha a fui ver na internet. Não era nada disso. Segundo o dicionário, obrigada era xucram, como os árabes. Estranho... Será? Mas o que é raksha, então? Primeiro só achei um mais próximo: rakshasa. São humanoides, espíritos malignos da mitologia hindu. Será que o Sukdeu se encheu do meu interrogatório e me chamou de espírito maligno?

Aí encontrei outro significado para raksha: "pedido de proteção divina". Vai ver que ele entendeu que eu queria saber como se agradecia a Deus. Ou ele pode ter apenas expressado o fim da sua paciência hindu comigo depois de um dia de trabalho, querendo, a todo custo, que ele me ensinasse algo que ele não entendia. Talvez ele tenha pensado, com razão, algo do tipo "Deus me livre dessa guria".
Sabe aquele deus me livre que vem com um suspiro?!

Tá bom, então: raksha.

E lá saí eu, repetindo para porteiro, recepcionista, garçom, a cada gentileza, eu sorria: Deus me livre, Deus me livre...

Confusão, esses deuses aqui.

Tô mandando ver no curry e no tandoori.
Tomara que não me dê nada. Raksha!

SEM REGISTRO...
ANTES DE DORMIR

Eu tinha apenas uma parte da manhã. Portanto, escolhemos apenas uma visita: ao Templo de Akshardham. O primeiro motorista, o Anil, tinha me dito que era lindo, o maior da Índia, que era isso e aquilo. O Sukdeu então nos levou até lá e, na entrada, delicadamente, avisou: "Tirem cinto, deixem bolsa. Não pode nada de couro". Primeiro, achei que não tinha entendido. Mas logo entendi: a vaca sagrada. Moço, a minha bolsa é de náilon, pode? "Não", disse o guarda, e me entregou um papel com tudo o que não poderia entrar comigo no templo mais lindo de todos (fora o Taj Mahal, porque o Taj Mahal é o Taj Mahal. E não é templo). Nada de couro, não pode máquina fotográfica, filmadora nem... oh no! Nem BlackBerry. Basicamente, só eu e meus sapatos (alpargatas) poderíamos adentrar os jardins dos mais de 100 acres do parque. Depois, até os sapatos ficaram pra trás, na hora de subir as escadas do templo. Vocês sabiam que 17% das pessoas do mundo moram aqui? Como é que se consegue ter algum minuto de paz neste lugar? Pois se consegue. Garanto.

Alguém viu *Guerra nas Estrelas*, o Palácio da Padmé? Pois então, era aquilo lá, com cheiro de flores e uma brisa quente soprando. As mulheres todas de sáris coloridos ainda davam um tom de sonho à minha realidade. Na entrada, tinha uma música de flauta, tipo aquela do Anil, mais um empurrãozinho pra sair da terra e entrar no paraíso... Jardins com fontes, pavões dourados, arbustos de jasmim, portais esculpidos em pedras vermelhas por onde dez deuses poderiam entrar para nos visitar.

O estilo rococó indiano, com milhares de deuses, deusas, figuras mitológicas, cenas paradisíacas, pavões (a ave-símbolo da Índia), cabeças de touro, vacas, cervos... tudo esculpido em cada centímetro quadrado desses portais, além de flores em alto e baixo relevo no palácio. Uma construção inteira em mármore rosa e branco.
Não foi utilizado aço, ferro ou concreto.

Lá dentro, um Bhagwan Swaminarayan enorme, folheado a ouro e rodeado por estátuas dos seus cinco seguidores, em tamanho natural. Para descrever a profusão de cores e detalhes dessa parte do templo, eu gastaria um livro. Imagine um caleidoscópio na moldura das janelas por onde entra luz, vento e o cheiro das flores do jardim, coberto de uma grama milimetricamente aparada.

Do lado de fora, algumas das coloridas mulheres e suas amigas e amigos se sentavam ou deitavam para conversar. É comum os indianos se sentarem e deitarem no chão, com a maior naturalidade. Difícil é sair dessa paz.

Dentro do templo, sussurros, mas sem peso.

E como máquinas e telefones não são permitidos, voltamos no tempo... Não há poses, flashes, "Pera aí que eu não tô te ouvindo, alô, alô? Fala, Siqueira, beleza?". Todos falam baixo, famílias hindus andam pelo templo, rezam. Quase não há ocidentais. Contei quatro no imenso parque durante aquelas horas. Notei que o nosso tipo, assim ocidental, chamava atenção. E volta e meia alguém vinha perguntar de onde eu era. Uma menina pequena, do alto de seus sete anos, me cutucou e contou que falava inglês e que iria morar na Austrália com a família porque o pai havia conseguido o visto. Assim, conversamos um pouco na frente de uma imagem colorida de Ganesha, e a menina se foi... Na porta do templo, ela trouxe a família. Pai, mãe, irmãos, primos, primas, tios, avó. Todos vieram apertar a minha mão.

Logo depois, outra família que estava por ali fez o mesmo. Me "esticaram" até um bebezão de um ano e pouco para que ele me oferecesse a mãozinha para um cumprimento. Fiquei comovida e, ao mesmo tempo, muito sem graça. Que situação rara. Essas coisas me lembram porque gosto tanto de viajar também para longe das civilizações que já conheço. Para me surpreender, aprender, me admirar com as diferenças entre as pessoas.

LA GARANTIA SOY YO

Dia inteirinho no autódromo. Nenhuma notícia pessoal.
As profissionais estão na Globo.

A nova impressão pessoal é velha.
A gentileza indiana segue. Sorridente e afável.

Outra coisa: as mulheres aqui têm som. Sabe a morena de Angola que leva o chocalho amarrado na canela? Se a Clara Nunes morasse aqui, ela diria que o chocalho é no pulso. As mulheres indianas soam. Suam, não. Soam. É possível detectar a presença de uma mulher por perto pelo suave tilintar das pulseiras em seus braços. Todas, ou quase todas, usam umas pulseiras de metal ou vidro. A moça que limpava o banheiro estava usando. A outra, que subiu para o Paddock Club envolta em seda bordada a ouro, também.

Hoje à noite tem mais curry e tandoori! Ah!!! As pessoas aqui têm um perfume de cominho, coentro, erva-doce. Sério! Quando se come tantas especiarias, acaba-se transpirando cardamomo. Suando, não soando.
Também garanto.

OUTRO DIA INTEIRO NO AUTÓDROMO, MAS...

Mesmo que eu vá do hotel para o trabalho e do trabalho para o hotel, a Índia segue me surpreendendo. Sério mesmo. Fiquei pensando que hoje não teria muito o que dizer, afinal, minha vida se limitou a esse trajeto mínimo entre o hotel e o autódromo. Nada a dizer. A não ser que, mesmo de terno, homens hindus cheios da plata, prontos para fazer negócios de milhões de dólares, andam no autódromo com uma pinta vermelha entre as sobrancelhas. Nada muito mais a dizer, além de que muitos repórteres indianos esperam os pilotos de F1 na zona mista (área de entrevistas) sentados no chão, munidos de microfones, aparelhagens, blocos e canetas, em suas roupas de trabalho. Me lembro de Bernie Ecclestone, o chefão da F1, passando por mim numa tarde de treinos em Valência, em que eu estava sentada de pernas cruzadas, no chão, escrevendo um texto. Causei espécie. Ele riu, a namorada brincou comigo. Aqui é tão normal sentar no chão, até nas calçadas.

As ruas da Índia lembram o Brasil dos anos 1970. Numa pista para dois, vão quatro veículos lado a lado, beirando as barreiras que dividem a pista. A buzina é algo que se usa quase acompanhando a respiração. Inspirou, dá uma buzinadinha. Sério! Não sei se isso me choca mais agora porque desacostumei, morando na Europa, mas a primeira buzinada que levei aqui, virei para o lado para me desculpar, ou mesmo para lançar aquele olhar inquisidor: o que é, hein?! O moço sikh sequer mudou o olhar em direção a mim, muito menos a cabeça.

Buzinar não é para o outro, é para você mesmo, para o mundo, para o ar. É como se estivesse dizendo: tô indo, hein, tô indo! A galera sai andando e buzinando. Tem até avisos, pedidos pintados na parte de trás de vários caminhões: por favor, buzine! Deve ser para compensar pela falta do espelhinho. Aqui o retrovisor é supérfluo. Me lembro do Anil, o motorista do primeiro dia. Vi o espelhinho do lado do carona voltado para dentro. Quer que eu arrume, Anil? "Não, madame, no need." Não uso.

Beleza. Você e a minha mãe. Aliás, a população da Índia e a minha mãe não veem sentido nesse espelhinho do carro. Bom, eu sei que desse jeito, com mil carros, vacas que aparecem na pista repentinamente, pessoas que conversam sentadas nas divisórias de vias expressas à noite, buzinas, o caos indiano vai se ajeitando e seguindo.

Viva o Sukdeu, meu fiel motorista! Ele, que, além de me aguentar, ganha cerca de cinco reais por dia para trabalhar nesse caos. Vestido de branco, com mulher e dois filhos, o homem está sempre com um sorriso e pronto a nos atender. E quase não buzina.

VAI TER QUE SER RAPIDINHO

São quase onze da noite e amanhã tenho que acordar às cinco da madrugada pra ir até o Taj Mahal. Fica em Agra, a 220 quilômetros daqui, mas leva cinco horas de carro. De trem são duas e meia, mas o pessoal quer ir de carro. Então, vamos amanhã e voltamos no mesmo dia. Valha-me, Deus! Tenho que aprender a dizer isso em hindi. Ah! Aprendi como se diz obrigada: dhanyavad!

Ainda bem que o nosso motorista Sukdeu é supercuidadoso.

Cheguei do autódromo, onde passei o dia todo em função da F1, e no restaurante do hotel fui abordada por uma senhora elegantérrima num sári de seda verde-musgo com vermelho sangue e detalhes em dourado. Ela estava com o cabelo preso em um coque com tranças. Uma pinta vermelha entre os olhos e lindos brincos de ouro e brilhantes. Me perguntou de onde eu era. Ficou admirada. Disse que o marido já tinha estado no Brasil. Quis saber se eu era da F1. Eu disse que era repórter. Ela sorriu e revirou os olhos como quem brinca com a importância ou a animação da minha profissão.

Me estendeu a mão: "Seja muito bem-vinda ao meu país".

Depois veio à minha mesa e cumprimentou toda a equipe.
Conversamos um pouquinho, ela sugeriu alguns pratos e me disse:
"Passe na minha mesa antes de ir embora". Passei. Ela era um AMOOOR!!!
O marido, supergentil, e o amigo deles também. Todos passando dos 70.
Ele tinha sido embaixador, o amigo era empresário e ela... bastava ser ela:
Geeta. Um sorriso inacreditável. Me perguntou se eu conhecia alguém
aqui que me orientasse nos dois dias que eu passaria em Nova Délhi.
Eu disse que conhecia apenas uma pessoa, um amigo do circuito da F1.
Ela me deu seu cartão e fez questão de se oferecer para me indicar
bons lugares para compras. Oba!

Conversamos todos por uns quinze minutos e, no fim, ela me convidou
para almoçar na terça-feira. "Um restaurante muito gostoso no clube
que frequento." Me disse que me faria isso tudo se eu fizesse algo para ela.
Fiquei estática, sem ter a menor ideia do que dizer. "Fale bem da Índia
para as pessoas." Me deu um beijo na testa e disse: "Deus te abençoe,
minha filha." Você tinha que morar perto de mim, me declarei de repente.
E ela respondeu: "Já estou perto. Estou no seu coração, e você no meu".

Acho que vou levar Geeta na mala comigo. Não, no cabide.
Ela é muito chique.

PRA CHEGAR LÁ

Para quem se propõe a fazer essa visita saindo de Délhi, pretendendo voltar no mesmo dia, tem que se dispor a acordar cedo. No meu caso, às cinco da manhã, para sair às seis. Não para pegar o melhor horário de luz no Taj Mahal, mas para conseguir fazer os 220 quilômetros nas previstas cinco horas, ver o que tem que ver e voltar. Juro. Cinco. E cinco horas de muita emoção.

Como eu já havia dito, nosso motorista Sukdeu parece diferente dos outros indianos no trânsito. Não o ouvi tocar a buzina uma vez sequer. Anda a 80 km/h, com picos de 100 km/h. Tudo bem, é duro, mas é seguro.

A estrada até Agra é uma infinita aparição de novidades a cada segundo.

No primeiro pedágio, há um grupo de homens escovando os dentes, de pé, no meio do asfalto, na saída da cancela. Eles moram por ali e devem se reunir para conversar. Mas que estranho. Não vejo espuma, nem canequinha de água. Apenas os homens com a mão na cintura, de pé, conversando e cuspindo e escovando os dentes. Eles escovam com um galho de árvore! Um galho verde de uma árvore que o Sukdeu chama de nimnim.

Na beira da estrada, campo cultivado, muito lixo e gente, muita gente montada em tudo quanto é tipo de transporte coletivo. Com mais de um bilhão e trezentas mil pessoas, parece que nada é individual neste país. A Índia é muito populosa e muito pobre, o que faz as pessoas se virarem dos jeitos mais incríveis para sobreviver. Para comer, se vestir e se locomover. Um tuk-tuk, pequeno veículo de três rodas com capota ebanco traseiro, dirigido pelo piloto, suportaria no máximo três passageiros. Pois eu vi um com no mínimo oito. Andar de pé no para-choque traseiro de pequenas vans superlotadas é normal. E ainda se paga por isso. Vai lá atrás, com a ponta do pé no para-choque, segurando no teto do carro, sentindo o vento da autoestrada no rosto. Rezando para não cair no buraco ou ser deixado para trás. Motos com quatro ou cinco pessoas em cima são mais do que comuns. O incomum é ver apenas duas. Uma? Esquece. A galera se mexe do jeito que dá para ir ao trabalho, ao colégio etc.

Os coloridos e enfeitados caminhões pedem na traseira: "Honk a horn, please". Todos! Eu não entendia isso até pegar a estrada hoje. A maioria não tem retrovisor. Então, os indianos buzinam para se fazer enxergar, e ganha quem consegue se meter em qualquer espaço. Cheguei em você? Buzino. Vou para o lado? Também. Ultrapassar é com a mão no fundo até o fim da manobra. Na via expressa de duas faixas, cabem quatro, seis veículos lado a lado, além dos búfalos de tração, tratores com reboques, camelos levando carroças do tamanho de uma casa, cheias de feno ensacado, tijolos empilhados, soltos, que caem pelo asfalto, e alguns cavalos. Parêntese: uma raça de cavalo que eu não conhecia! De orelhas tão curvadas para dentro que quase se juntam no topo da cabeça. Bicicletas e todos os tipos de minicaminhões, onde búfalos e pessoas dividem a carona, e outras caçambas que parecem pequenas arquibancadas viradas para trás. No meio de tudo isso, as lindas mulheres indianas com seus sáris supercoloridos pintam cada cena.

Bom, no meio dessa miscelânea, há também uma miscelânea de pensamentos e decisões dentro do trânsito, sem respeitar muitas regras. Então, de repente, sem mais nem menos, uma moto atravessa o canteiro e a autoestrada. Ou muitas motos, ou uma vaca, ou bicicletas, ou caminhões. Confesso que foi tenso.

Comecei a viagem totalmente encantada com a diversidade de pessoas e coisas que apareciam à minha frente. No meio-fio, passa um macaco cinza de quase meio metro, e quatro sacerdotes vestidos de laranja, com barbas compridas, testa pintada com traços horizontais brancos e uma pinta vermelha entre os olhos, conversam. Figuras morenas de olhos grandes e cabelos grisalhos descabelados.

Olha o camelo! Afe, Maria.

Chegamos ao Taj Mahal. Antes de entrar, contratamos um guia. Mas o guia fala SEM PARAR. Portanto, eu ouço um pouco e fujo um pouco. Quando ele chega em mim, ouço mais um pouco. Depois fujo. E, nesse ritmo, consigo absorver algumas informações e apreciar o mausoléu mais espetacular do mundo.

Na entrada, só não choro porque o guia de voz metálica está praticamente dentro do meu tímpano.

Cruzamos um portal altíssimo, largo e escuro, de pedras vermelhas com inscrições do Alcorão. E lá está ele, esplendoroso, de mármore branco, ao fim de uma longa coluna de água resplandecente.

Não vou descrever o Taj Mahal porque acho que nem consigo. Tantas coisas me encantaram. A simetria. Ele é igual, olhando dos quatro lados. As flores

entalhadas no mármore, que formam frisos lindos na entrada e ao redor do túmulo da princesa, são de pedras preciosas e semipreciosas, que, ao nascer e pôr do sol, refletem os raios de luz. Os quatro minaretes feitos por um arquiteto turco são inclinados para fora, de propósito.
O turco tinha medo de terremotos, claro, e deixou os quatro assim, para que, caso houvesse algum tremor, não caíssem sobre o mausoléu.
E um último detalhe: a princesa Mumtaz Mahal era tão apaixonada pelo Shah Jahan que ia com ele até para os campos de guerra.
E o Jorge Ben Jor só falou do amor do príncipe pela princesa...

OVER

Fiz massagem na China, no Japão, Taiti, Havaí, Malásia, África, Tailândia, Singapura... Sempre experimento as técnicas locais. Tenho uma foto, em Singapura, com um cone pegando fogo fincado na minha orelha.

Na Índia, eu queria a tradicional massagem ayurvédica. O concierge achou uma pra mim, num spa, a vinte minutos do hotel. Ninguém soube me explicar direito qual seria a técnica. Em parte, porque o inglês deles é meio difícil de entender, embora eu já esteja me acostumando; e, em parte, porque a recepcionista do spa não era muito brilhante. Fiquei com medo de estar sendo enrolada. Spa não combina muito com ayurveda, mas já que tinha marcado... shirodhara era o que eu receberia.

Começamos com uma meditação e um mantra. Ai, será? Será não, Mariana, já é. A Índia é o lugar para isso. Meditei e foi bom. Depois lavaram os meus pés numa bacia dourada. A massagem era feita por duas pessoas. Minha mente ansiosa demorou a se entregar, mas não teve jeito. Até que chegou uma fase em que um óleo morno com cheiro de ervas foi derramado em fio sobre a minha testa. E quem derrama esse óleo por quase vinte minutos fica movimentando-o como se estivesse desenhando com o óleo sobre a minha testa. Meus olhos estão protegidos com uma toalha. O excedente do óleo escorre, esquentando as têmporas, a parte de trás da cabeça, o topo. Confortável como cafuné de irmã, mas uma coisa meio extrassensorial, até que... BLANC! Minha mente ficou em branco, totalmente em branco durante um bom tempo. Eu não estava dormindo. Estava consciente, mas relaxada, como se tivesse tomado um Valium ou coisa que o valha(m). Quando aquilo acabou, parecia que eu tinha feito botox. Estava muito relax, mas sem ficar molenga. Totalmente desperta, mas calmíssima e com o pensamento claro. Sem nada do atordoado anterior.

Peguei o táxi e o motorista era sikh. Gente boa. Pedi então que, no caminho do hotel, me levasse a um templo sikh. Posso entrar? Pode sim, mas tem que usar véu na cabeça. Beleza, eu tenho. Ele estacionou na frente de um templo de mármore, e lá de dentro vinha um canto indiano acompanhado de instrumentos. Quando vi, ele também tinha saído do carro e foi comigo. Jagir e eu tiramos os sapatos e lavamos as mãos. Eu imitando tudo. Na entrada lateral do templo, passa mão no degrau, beija a mão, se abaixa, encosta a testa, sobe.

Ele, de turbante azul claro, bigodão. Eu, de véu verde claro, sem bigode. Lá dentro, o homem santo sentado num altar meio andor, no centro da grande sala. Flores, imagens, símbolos dourados. Ele se abanava com um tipo de vassoura de pelos macios e compridos. Parecia o rabo de algum bicho. Mas não era, era muito peludo e sedoso. Olhava sério pra frente, cantava, às vezes de olhos fechados. Junta as mãos, se ajoelha, abaixa a cabeça. E eu do lado, fazendo tudo igual. Junta as mãos em prece, ajoelha, abaixa a cabeça no tapete. Será que era pra eu fazer também? Mas não dava mais pra perguntar. Ali, ao lado do homem santo, quatro caras tocavam instrumentos e cantavam, sentados, olhando pra frente, e um outro também cantava o mantra e servia uma comidinha para quem saía. Um tipo de pasta, não deu para ver direito. Servia com a colher, como um bolinho. Aquele grupo continuava cantando, sério, olhando pra frente. Rodeamos o homem e repetimos o ritual mais duas ou três vezes. Será que é pra mulher fazer isso? Não dava pra perguntar. Mas como o Jagir não me impediu, eu segui. Tomara que não seja do

tipo gente boa que não te corrige para você não ficar sem graça e te deixa pagando mico assim mesmo. Ele botou um dinheirinho num buraco.
Ai, tô sem nota pequena, merda. Fiquei sem graça. Depois, ele sentou encostado na parede, a nordeste do sacerdote, meio atrás dele.
Ficou ali, de pernas cruzadas. E eu sentada do lado. Pedi desculpas por não ter botado dinheiro, mas não tinha nota menor. Ele riu e disse que não tinha problema nenhum. E ficamos ali, olhando para as coisas ao nosso redor, sentados no chão de pernas cruzadas. E era assim que as pessoas faziam. Chegavam, faziam o ritual e ficavam sentadas ali, de meias ou de pés descalços, paradas, olhando. Deviam estar rezando pra dentro, mas pareciam estar apenas relaxando. Todo mundo de turbante. Menos as poucas mulheres que apareceram. Me senti muito bem. Ele deixou até eu fazer fotos com meu celular. Na hora de ir embora, ele passou pelo homem da "paçoquinha". Parecia uma grande e mole paçoquinha dentro de um negócio de vidro. Ele ganhou um bolinho, e eu, claro, repeti o que meu mestre mandou, morrendo de medo, porque ali, meu amigo, eu iria ter que comer, não tinha jeito. Todos os meus cuidados com água, escovar os dentes com água mineral, não tomar gelo, lavar bastante as mãos, álcool em gel, o pânico da Delhi Belly disseminado entre todos os viajantes, foi-se embora. Fui descendo as escadas e comendo. Adorei! Era uma pasta meio morninha, como se fosse um bolinho cru, antes de fritar, com gosto um pouco doce. Uma mistura de farinha integral com açúcar mascavo, um tipo de óleo de manteiga e não sei mais o quê. Curti.

O almoço com a minha velha nova amiga, Geeta, foi incrível.
Ela me perguntou muito sobre o Brasil, o governo, a economia. Falou das transições pelas quais a Índia passou, sobre política, sobre as mudanças que os Jogos da Amizade causaram no país, apesar do escândalo internacional dos desvios e das obras inacabadas. Ela me perguntou também sobre relações entre as pessoas, a violência contra mulheres, as relações entre homens e mulheres em casa e no trabalho. Contou que seu casamento tinha sido arranjado. O casamento por amor era algo inimaginável no mundo em que ela vivia. Me falou como era a vida de uma

mulher como ela, dona de casa, que, por ser casada com um diplomata,
devia dominar muito bem a cultura indiana e propagá-la. Uma mulher
inteligentíssima, de mente inquieta, presa num corpo de setenta e poucos
anos e numa vida predeterminada. Hoje, nas lojas, encantava a todos
e negociava feito um homem árabe. Olhava dentro do olho do vendedor,
não tinha medo de qualquer reação. Ela jogava de volta a mercadoria
no balcão, ele jogava também. Depois, sentava, falava, olhava outra coisa,
voltava. Ela conversava firmemente e de um jeito bem indiano,
de mulher mais velha, várias vezes revestia a situação de filosofia.
Dizia ao jovem indiano, filho do dono do negócio, que me vendia uma
pashmina verdadeira: "O mundo hoje é rápido. Para quem quer comprar
e para quem quer vender, porque o tempo é precioso para todos.
Olhe para mim".

Enfim, a mulher de sári em tons de rosa fez misérias no bairro do comércio
comigo. Ela, andando toda enrolada naquela roupa até os pés, num lugar
sem calçada, cheio de construções, buracos imensos, muito lixo,
tudo muito sujo, carros e motos, cachorros e gente por todos os lados.
**Me nocauteou. Só encerramos o dia quando eu pedi para
parar. Brava Geeta!**

CAMBOJA

Quando se vem para o Oriente, quase invariavelmente as
pessoas esperam uma mudança no seu ritmo ocidental. Mesmo
que seja para NÃO deixar esse novo ritmo entrar e apenas
estranhá-lo, como é comum acontecer aos que não estão
dispostos a sair da sua zona de conforto. Aqueles que apenas
olham e acham engraçados os silêncios, os sorrisos a mais e,
às vezes, até certa subserviência.

**Eu, particularmente, tenho esse prazer. O de me
misturar, experimentar o que não é meu. Em todos
os lugares por onde ando, tento deixar o novo mundo
entrar. Os novos valores, novos hábitos, novos ritmos.**

O ritmo do Camboja se impõe de uma maneira um pouco caótica, principalmente para quem não conhece bem a sua trágica e sangrenta história de décadas de guerra civil.

O estereótipo zen-budista, da paz hindu, tão exportado pelo Japão, pela Índia, pela China e por seus vizinhos, cai por terra quando ouvimos sobre a dor recente da opressão do Khmer Vermelho. À força, todos foram para o campo, não havia mais classes, sequer profissionais. A neurose ao cume que toda ditadura experimenta. Se a pessoa usasse óculos, estaria em maus lençóis, afinal sabe ler e provavelmente teve acesso à educação. Não havia hospitais, não havia templos; os monges, assim como todos os cidadãos, viraram agricultores. Não se podia mais adorar o Buda. O único produto cultivado era o arroz. Um milhão e meio de pessoas morreram de fome, assassinadas, nos campos de trabalhos forçados, torturadas, abandonadas, massacradas. Killing fields, os campos onde se cultivava a morte. O Camboja, entre os séculos VIII e XII, foi um próspero reino que dominava Tailândia, Laos, Vietnã, entre outros territórios, da Índia ao Mar da China. A história é rica e vasta. Mas o acesso a ela é recente.

Há muito a saber, mas o caos das motocicletas, os tuk-tuks, os subornos sorridentes e quase pedintes, "o que você quiser dar", dão a primeira impressão do Oriente daqui.

Mas o Oriente tipo exportação, aquele com o qual primeiro tivemos contato, se impõe a tudo isso.

O Camboja é uma joia rara. Num mundo onde parece que tudo já foi descoberto e preparado para visitantes estrangeiros entenderem e consumirem, os nativos continuam a visitar os antepassados mais distantes e bem de perto. Desde que o portal invisível desta época do ano esteja aberto. Pra isso, não há folheto explicativo nem camiseta ilustrada. O Oriente ainda está aqui.

O combinado era acordar às quatro e meia da manhã. Comi um prato de frutas locais e tomei uma limonada. Era noite ainda quando o tuk-tuk pegou a estrada, floresta adentro. Lembrei dos meus tempos de surfista, quando acordava à noite para chegar no pico, clareando o dia.

Mas o pico em questão era outro. E o espetáculo também.

O tuk-tuk ficou estacionado numa clareira e fomos caminhando por uma estrada de chão batido para dentro do escuro da mata. Eu avisei o guia que ele poderia desligar a lanterna. Era meia-lua, ainda por trás das nuvens, mas seria o suficiente. Caminhei ouvindo meus passos. Foi quando me dei conta de que eu caminhava e sorria ao mesmo tempo. Um sorriso cada vez maior. Era tudo aquilo que eu estava vivendo. Os olhos se acostumando com a escuridão, o cheiro puro do verde e um som... sim, um som totalmente onírico. Uma música de sonho embalava a minha caminhada em direção ao templo. De um pagode distante, ecoava alto um mantra com sininhos e instrumentos de percussão. O canto dos monges se misturava ao canto dos bichos que vinha da floresta numa música ininterrupta, em estéreo. Aos poucos, pude ver a silhueta alta das torres de pedra de Angkor Wat. Estava tão ansiosa que apressei o passo até chegar.

Entramos por trás desse complexo de templos do século XII. Queríamos evitar a multidão de turistas que chegaria de ônibus logo mais. O guia tinha um acordo com o guardião do templo. Assim, ele nos deixou subir pelas longas escadas de pedra e entrar onde ninguém podia. Muito menos àquela hora.

Passamos por paredes decoradas com bailarinas, cenas de guerra... Vishnu era o primeiro deus do templo, o senhor da criação e da destruição da existência. E as dançarinas se exibiam para ele em todas as paredes. "Por que não há homens?", perguntei ao guia. "Ora, porque Vishnu é homem e ele merece ter todas essas lindas só para ele", sorriu.

Depois da fase hindu, vieram os budistas, e há budas de pedra espalhados por reentrâncias e esquinas das paredes. Mas eu passava por tudo aquilo no lusco-fusco. Eu via sombras de estátuas, perfis escuros de deusas, budas mal iluminados, cujas cabeças foram arrancadas e vendidas pelo mundo. Tudo num calor úmido e com aquele som ininterrupto que vinha lá de fora. O mantra dos monges e da floresta.

Segui o guia por passagens escuras e estreitas, por onde eu podia, às vezes, identificar símbolos, como um redondo que parecia o yin-yang e, que, na verdade, eram dois papagaios que se encontravam em círculo, o símbolo da felicidade. Mas tudo rápido. O sol. O sol iria nascer.

O guardião não falava bem inglês; ainda assim, me levou até o lado certo do último andar do Angkor Wat. Escolhi uma janela alta para olhar. Ia do chão ao teto. Ele me disse: "Good meditate", e apontou para um degrau de madeira na frente da janela.

Segui a sugestão. Me sentei ali. Parei de fotografar e correr e falar. E contemplei as imensas árvores e os limites do templo. Tudo ficando azul, e mais claro e mais claro, até que o dia surgiu por detrás das nuvens da chuva que havia caído durante toda a madrugada. O Camboja nascia em mim.

O guia nos levou para o meio da floresta de manhã cedo. Aquele cheiro verde que só quem já andou pelas matas brasileiras conhece. Muitas árvores de muitos tipos, mas todas finas, demonstravam que aquela era uma selva jovem.

Fomos de tuk-tuk, ainda aproveitando o frescor da madrugada. E um templo brotou no meio do verde. Imensas cabeças de pedra, mulheres dançando, budas. Tudo coberto de musgo e sendo engolido por árvores de troncos prateados. Eu nunca tinha visto nada como aquilo.

Estávamos sozinhos. Não tinha excursão, não tinha área delimitada por cordas nem placas explicativas. Estávamos no templo quase como deveria estar o primeiro a redescobri-lo, em 1825. Tudo lá, vazio. Um imenso silêncio imposto pelas esculturas gigantes nos obriga a respeitar o que vemos. **E a pensar e a sentir. E a deixar o Oriente entrar em nós.**

O guia disse que podíamos entrar onde quiséssemos, subir todas as escadas, tocar nas cabeças, olhar os altares, passar pelos portais. Era como se a Tata ou a vó Adda estivessem fazendo um bolo de chocolate e, antes de botar na forma, me entregassem: "Pode comer tudo". Mas antes de assar? Antes.

A natureza é a guardiã daquilo tudo há muito tempo. Pelo menos àquela hora da manhã, só ela.

Passavam as horas. Pegamos a estrada e encaramos outro templo com cinco torres.

Subi até o último andar de um dos templos de pedra. Subi as escadas de degraus estreitos de pedra até lá em cima, no terceiro nível, onde ninguém costumava ir. O guia disse que eu podia. Estávamos sozinhos de novo. Era cedo.

Nos últimos metros, fui sentindo um cheiro de incenso. Segui no mesmo ritmo. Supercuriosa. Lá em cima, na cúpula, havia uma mulher ajoelhada rezando para dois ou três budas dourados. Ela sorriu e perguntou se eu queria rezar, me entregou um incenso. Eu rezei ajoelhada no tapete de palha. Sabia que eu teria que dar uma grana para a moça. Não sabia se ela era alguém que estava lá em cima para fazer um troco ou se estava mesmo rezando, mas o fato é que eu estava no alto, bem no alto de um dos templos mais antigos do Camboja. A floresta cantava um mantra ininterrupto com as cigarras e alguns pássaros que não reconheci. Ela fez uma reza, encostou a testa quente na palma da minha mão e me desejou boa sorte. Eu agradeci e desejei o mesmo. Fiquei mais um bom tempo agradecendo por tudo, pedindo proteção. Ela me amarrou uma fita vermelha no braço. Me desejou boa sorte mais cinco vezes.

Tirei os tênis e desci a escadaria sem fim até entrar na floresta de novo.

Rolaram outros templos, outros momentos incríveis.

Às vezes, me sinto meio piegas com essas histórias, meio "tapetinho de ioga" demais, mas aqui não dá pra ser Nova York.

Nada contra a água mineral na bolsa e o tapetinho de ioga a tiracolo. Aliás, só a favor. Quisera eu saber técnicas iogues de meditação para aproveitar estas bandas ainda mais.

Imagino a festa que um bom aluno de ioga faria no templo em que fui levada, de folga, pelo meu guia, com mais de cinquenta monges recitando mantras. Mesmo o mais gaudério dos gaudérios abandonaria as alpargatas na porta e deixaria o mate esfriar até entrar em transe.

Aprendi ali que os monges não comem à noite, mas podem beber água e Coca-Cola durante o culto. Aprendi também que, sentados, não faz mal mudar de uma banda pra outra da bunda e dobrar os joelhos alternadamente quando se está desconfortável. Perguntei ao Sarat, meu guia quase espiritual, se havia algum motivo especial para as pessoas trocarem de posição. Ele respondeu: "Sim, quando cansam de ficar daquele jeito".

Ah, tá.

Outra coisa que eu aprendi é que as monjas, além de raspar o cabelo, usam o krama, um tipo de echarpe que todos os khmer usam, só da cor branca. Se outras mulheres usam, é porque ganharam de alguma monja da família.

As crianças vão aos cultos, que podem demorar horas, e lá elas fazem o que querem. Se deitam no chão, falam, jogam videogame. Se o neto da monja na minha frente pode, os outros também, né? Mas naturalmente param e, em vários momentos e por menores que sejam, rezam.

Vi uma minicambojana de menos de um ano admirada com uma monja que olhava para a pitoca e unia as mãos. A pequena fez igual. Não devia saber segurar a colher, mas já conseguia unir as mãos.

Aliás, perdi a vergonha de rezar, meditar, assim. Senti que assumia o que estava ali para fazer. Não preciso ser discreta. Vim rezar, vim meditar. Dedicar a minha mente e o meu coração a Deus. Vim agradecer, pedir proteção a mim, aos que amo e a quem precisa. E assim como eu, todo aquele povo que estava lá, sentado sobre coloridas esteiras de palha. Só pode dar em coisa boa, tanta gente querendo o bem e a calma.

Sobre as mãos unidas na frente do peito, novas descobertas. Todo mundo se cumprimenta assim aqui. Com uma leve inclinação pra frente, diz oi, tchau e obrigada. Mas tem diferenças. Com as mãos unidas e o dedo médio na altura do queixo é para falar com alguém da mesma idade. Com as mãos unidas e o dedo médio na altura da boca é para cumprimentar alguém mais velho, aquele que nos aconselha por meio da palavra e até nos dá de comer. Na altura do nariz, para professores, a cujo conhecimento aspiramos. Na altura dos olhos, para monges e pais, aqueles que devem olhar por nós, estar alerta à nossa educação. E, sobre a cabeça, para Deus.

Por isso, meus devidos cumprimentos a todos os pacientes que seguem lendo esta aspirante zen no Camboja.

Ah! Comi amok, a moqueca deles, com bastante chili.
É zero zen, mas uma delícia só. Mata os germes todos numa garfada.

Tô meio triste porque vou embora. Normal. Tudo bem, já vi a maioria dos templos mais incríveis. Está mesmo na hora de ir. Um turista comum diria: "Já fiz tudo o que este lugar oferece". Mas isso é de uma pobreza de pensamento, de sentimento! Gosto muito de uma expressão para pessoas que pensam assim: obtusas. Desculpe. Mas eu acho isso. Quero ir de novo ao templo e meditar com mais tempo. Quero comer mais comidas khmer, ouvir mais histórias das pessoas, ver mais sedas.

Sedas. Fui num lugar incrível, onde uma mulher realizou uma utopia própria. Nasceu aqui, cresceu pelo mundo. Voltou depois da guerra.

Vendeu muito do que tinha, investiu a grana do marido e montou uma fazenda de bichos-da-seda (de um tipo de seda que só se produz por aqui, muito rara). Contratou mulheres e deu a elas boas condições de trabalho, inclusive com lugar para deixar os filhos. Na fazenda, elas tecem as sedas e fazem desenhos inacreditáveis. Mas tudo com a tecnologia antiga, teares de madeira esculpidos e desenhos reais. Reais de realeza. Uma echarpe demora de três a oito meses para ficar pronta. Uma loucura o grau de dedicação e trabalho.

Aprendi o que é uma seda boa e o que é uma ruim. Tem a seda que sai do lado de fora do casulo e a da parte de dentro (mais macia). As sedas mais lindas que já vi, com cores que mudam de acordo com a incidência da luz. Me deu vontade de comprar todas e sair de lá toda enrolada que nem uma múmia. Algumas echarpes têm o que eles chamam de mantras, umas barras que eram usadas por nobres e pela família real. Três mantras, três barras: era o rei. Duas, a rainha. E os desenhos tinham poderes até de proteger contra os maus espíritos.

Maus espíritos, ancestrais, oferendas... Aqui se acredita muito em tudo isso. Estamos numa fase do ano em que as portas entre o mundo espiritual e o dos vivos estão abertas. Isso vai até dia 4 de outubro. É a época da bonança. Por isso, são oferecidas comidas, roupas e até refrigerante aos antepassados, que podem ficar furiosos se você deixar a oferenda no templo errado ou não deixar nada. Outra coisa, maus espíritos devem ser alimentados com bolinhos de arroz branco às três da manhã. Uma grande maldição é virar espírito ruim, viver nos vales das montanhas e ter que comer só sticky rice para toda a eternidade. "Sticky ri", como eles dizem. Não sei por que eles terminam as palavras antes da última sílaba, como "wi(fe)".

A cultura khmer, dos cambojanos, é algo a ser redescoberto por eles mesmos. Por quase dez anos, foi dizimada pela guerra civil e pela opressão do conhecimento. Coisas óbvias, como cozinhar os pratos tradicionais, muita gente não sabe mais. Já pensou não saber mais fazer feijão, moqueca, churrasco, brigadeiro? Como durante a guerra quase não havia comida, muitos morreram de fome. Comiam o que dava. Há um vácuo entre duas gerações. Hoje, os velhos têm que ensinar aos jovens.

Há também uma quantidade imensa de órfãos. Crianças cujos pais foram assassinados, ou fugiram, ou até as venderam. Então, como ter conhecimento se não há pai ou mãe para ensinar? E assim é com a arte, com a tecelagem, com a religião, com a dança, com a música. É tempo de resgate. Mas o país é pobre, com todos os problemas que isso acarreta. Contudo, é um lugar rico de pessoas e passa por um momento raro no mundo, um momento de redescoberta e de retomada de tempo. É quase como se, sob alguns aspectos, eles tivessem parado de viver e estivessem voltando agora. A dor é comum a todos. O rancor, o medo de viver de novo o terror. E, junto a isso, o pacífico budismo, que embala de maneira muito significativa o ritmo deles.

Tô com pena, mesmo, de ir embora.

Ah, preciso contar: fiz uma limpeza espiritual. Fiz mesmo. Falei com o meu guia e ele disse que iria "organi(ze)" uma sessão secreta com um monge num templo. Lá fui eu. O templo era pobre, mas muito colorido. Ao redor, umas cinco casas de madeira onde viviam outros monges pobres. Crianças e cachorros brincavam no chão batido: "Amigos, órfãos que não têm para onde ir e ficam por aqui quando não estão na escola", explicou o guia. Achei engraçado ele se referir às crianças como "amigos dos monges". Se quiserem, eles podem virar monges depois, mas só a partir dos 13 anos.

Subi as escadas sem sapatos. O salão do templo de madeira era grande e cheio de bandeirinhas, altares, velas, incensos e budas. Além de monges. E monjas! Logo que entrei, ouvi um burburinho. Eram umas velhinhas, monjas carecas me chamando para perto de um altarzinho que elas enfeitavam. Engraçadas, as senhoras pequenininhas. Rindo banguelas e falando coisas que não deveriam fazer sentido nem em khmer. Monjinhas loucas.

Falei com o "monjão-chefe" com auxílio do guia. Deixei uma oferenda e meu guia me deu um sarong para vestir.

Dentro do templo, no escuro, entre sofás quebrados, uma mesa velha e algumas galinhas ciscando, tirei a roupa toda e botei o sarong.

Saí do porão e me mandaram sentar na escada, de costas para o templo e o monge. E aí ele começou. Repetiu várias vezes um mantra com uma vela na mão direita, me jogando água com a mão esquerda. Um guri enchia o tonel com água do poço tirada com aquelas bombas antigas de ferro e manivela.

Mas não era aguinha não, era MUITA água. Cheguei a ficar com frio. Me deu vontade de rir. Pensei em candomblé, água benta da missa, espiritismo, igreja batista... E depois em mais nada. A água não parava, nem o mantra. Fui ficando calma, e minha cabeça sem pensamento algum.

A cerimônia acabou e dali era só me pendurar no varal. Me sentia limpa de verdade. Voltei para o hotel e dormi profundamente por três horas.

FACETIME

A saudade realmente se manifesta de formas diferentes.

Estou na sala de embarque, saindo de casa e voltando pra casa. Explico: saindo da casa dos meus pais, onde fui criada, no Brasil, e voltando para a minha casa do outro lado do oceano, em Mônaco.

Enquanto escrevo, uma mulher em seus sessenta e poucos anos e o marido falam pelo Facetime com, imagino eu, a filha deles, que está em casa, de onde eles acabaram de sair. O pessoal sentado num raio de dez metros do casal (eu incluída) não pode reclamar. Escutamos, em alto e bom tom, a conversa que sai daqui e a resposta que vem de lá:

"E como eles estão?"

"Estão bem, mas estão tristes. Quer ver?"

"Deixa eu ver. Ó, fulaninho, mamãe já volta. Já, já eu tô aí. Ô, Fulana, acho que pode botar uma roupinha neles."

Como não ouço resposta, imagino bebês gêmeos de mãe mais velha.

"Não sei muito bem qual. Tô pensando na camisetinha branca com o macacão vermelho pro fulano, o que você acha?"
"Não sei."

O marido opina, decisivo:
"O bordô no fulano."
"Ah, então faz isso, põe o bordô no fulano."
"Eles estão tremendo?", pergunta a senhora, cariocamente, me fazendo imaginar que os gêmeos moram em Petrópolis. Já que no Rio o El Niño anda a mil, 31 graus hoje e muita praia.
"Mas ó, fulana, põe primeiro uma pata e depois a outra..."

Mistério resolvido.

Em seguida, passa por mim uma mãe indo em direção ao banheiro com o filho grudado atrás: manhê, manhê, manhê... Ela inspira fundo e bufa. Talvez ela esteja sentindo falta do tempo em que podia ir ao banheiro sozinha, com calma, pensar na vida, se olhar no espelho, arrumar o batom, pensar num cabelo diferente.

Saudades.

Eu estou
com aquelas
saudades
simples.
Saudades da mãe.
Saudades do pai.

Dos irmãos. Torcendo sempre para todo mundo ficar bem e me alimentando da certeza de que vamos nos ver de novo no fim do ano.

Aos amigos porto-alegrenses, ficam aqui minhas desculpas. Esta visita foi muito rápida e dediquei exclusivamente à família. Não é que eu não tenha saudades de vocês também.

Beijos saudosos a todos.

BONS MAUS MODOS

Ficar sem cartão e, consequentemente, sem dinheiro na China não é das melhores sensações. Ainda mais por erro de senha (que não cometi). Fiquei pensando hoje que meu banco deveria mudar de nome para Activia: o banco que c... pra você. Na abertura da conta, você ganha um rolo de papel higiênico com o logotipo da instituição financeira. Bom, as coisas estão se resolvendo aos poucos (não pelo banco) e eu estou ficando mais tranquila.

Depois de ter feito a maioria das minhas incursões pela cidade a pé ou de metrô (que orgulho), hoje fiquei infindáveis horas no táxi. Aqui os caras buzinam. Mas buzinam loucamente. Aquelas longas buzinadas, frenéticas, incessantes. Por qualquer motivo. Mas eles não se alteram. Nem o buzinante, nem o buzinado. Como os americanos gostam de dizer: it's nothing personal. No Brasil, uma buzinada dessas seria acompanhada de vários impropérios, gente suando, gritando de veia saltada na testa. Aqui, zero.

E por falar em reação zero, hoje voltei a ter oito anos, quando, ao acamparmos, meu pai dizia que eu poderia arrotar e soltar pum na mesa. Explico. Na China esses hábitos não causam escândalo. Pelo contrário, se faz muito pela rua, assim como comer de boca aberta e escarrar. Não são todas as pessoas, e dizem que isso está mudando com o trânsito intenso entre Ocidente e Oriente.

Mas calma. Não soltei pum, nem arrotei, algo que, além de ser extremamente audaz de se fazer em público, eu não teria o controle para realizar de propósito. Mas resolvi comer de boca aberta só para ver como é. Foi engraçado. Meio sem jeito pra coisa, já que mamãe ensinou direitinho desde cedo. Mas mandei ver, olhando para os lados para sacar a reação de quem estava perto. Nenhuma! Ri sozinha da travessura e segui no mesmo ritmo, como se estivesse fazendo arte escondida. Bom, agora não mais escondida, já que todos vocês sabem.

HAPPY ENDING CHINÊS

A querida motorista de sempre, Li Hua, não apareceu no aeroporto na minha chegada a Xangai.

Acabei num táxi mais chicoso, com um motorista jovem, de terno, falante e agradão.

Aquele tipo clássico.

Ai, que saco.

Em inglês, ele só sabia agradar. Não conseguia conversar. Não entendia uma pergunta sequer. Desisti do esforço.

Mas passavam-se alguns minutos de silêncio, e ele insistia. Era espertalhão. Disse que eu era bonita.

Aff, sério? Devo ter cara de turista de primeira viagem.

Em seguida, na sutileza, perguntou se eu tinha baby. Falei que não, mas que tinha marido, para ver se o guri se tocava que dessa toca não sairia coelho, ainda que fosse sábado de Aleluia.

Ele perguntou se eu gostava de música, porque eu disse que ele poderia deixar o rádio ligado. Depois, se eu gostava de cerveja. E, após alguns minutos, disse que conhecia bares legais com **many many good men.**

Olha...

Não sei o que os ocidentais andam consumindo por aqui, longe, bem longe de casa, mas o fato é que, certamente, deve estar havendo comércio, troca, escambo, transação, lesco-lesco, chamem como quiserem.

A oferta foi muito descarada. E olha que eu nem fiz massagem, como daquela outra vez. Mas isso é história velha.

Enfim.

Agradeci o many many good men, mas estava a fim de chegar ao hotel e descansar. "Drink beer?" Chá-verde pra mim tá de bom tamanho, nesse momento da carreira.

Desci e ele, claro, me pediu gorjeta. Eu dei uma gargalhada. Tá bom, parceiro. Dezinho tá bom. Vinte? Não. Dez e já tá levando muito.

Era fim de tarde, então resolvi aproveitar uma das melhores coisas que a China tem: massagem. O ambiente nem sempre é bacana. Aliás, em geral não é. Meio sujo, escuro, mas a massagem... Parece que você passou num triturador de carne, e depois um gigante te bochechou e cuspiu no chão. Aliás, cospe-se muito aqui. Mas vale o sofrimento?
O da massagem, não da cuspida. Vale muito.

Saio da massagem e pareço invertebrada. Agora, é uma escolha sem volta. Aqui, poucos falam inglês. Minha massagista não entendia: devagar, tá doendo, mais leve, tá muito forte. Aliás, acho que em nenhuma língua ela entenderia. Respirei fundo, gemi e cheguei a gritar algumas vezes, mas o efeito foi zero. No Brasil e em outros lugares, as terapeutas pedem desculpas, pegam mais leve. Aqui, o grito é problema seu. Ela vai seguir no mesmo ritmo, a menos que você se levante.
Tem que aceitar que é natural sentir dor. Aguenta, porque aquele nó na musculatura tem que ser desfeito. Eu fui braba. Ainda assim, no fim, ela bateu na minha lombar e na cervical e disse: "No good".

**Ou seja, nem elogio pela bravura eu recebi.
Mas saí de lá infinitamente melhor.**

Eu poderia voltar ao hotel e comer no quarto ou seguir o baile. Eu havia lido em dois artigos sobre restaurantes em Xangai que o Jia Jia Tang Bao era muito bom. Eu não tinha ideia do que era. Só sabia que era o melhor tang bao da área. O táxi me deixou numa rua escura e apontou para um lugar branco que parecia um açougue, com seis mesinhas de madeira. Cheio.

Fui entrando sorridente e a dona já gritou comigo, apontando um quadro escrito em chinês. Depois de ela gritar mais três vezes eu entendi. Foi o medo que ajudou. Agora só tinha de caranguejo. E se não quiser, também, tamo fechando. Eu topei e fui a última a entrar. Eram dim sum, aquelas trouxinhas de massa de arroz feitas no vapor com diversos recheios. E quanto mais bem feitas, mais leves são, e o recheio bem temperado deixa uma sopinha dentro da trouxa que você tem que amparar com uma colherinha de sopa e sorver de joelhos.

Ninguém estava batendo papo descontraidamente nem tomando cerveja. As pessoas vão lá para comer. Jovens casais, gente jovem em geral. O pessoal foi se levantando e, à medida que eles deixavam o lugar, uma velha só com um dente incisivo na arcada inferior ia jogando água no chão e botando os bancos de plástico laranja sobre as mesas. Até que outros apareceram para ajudar e ela se sentou em um banco na minha frente e ficou me olhando. Eu ria sozinha e me queimava comendo o melhor dim sum da minha vida, com molho de gengibre. A seguir, veio uma menina com os panos da cozinha e as toucas usadas pela turma e começou a lavar no chão ali ao meu lado. A velha já estava de pé, e cada prato que eu terminava ela levava embora.

O último tang bao eu comi quase de pé. Mas foi maravilhoso. A velha não sorriu em nenhum momento, não importava o quanto eu tentasse descontrair. Na saída, agradeci a dona gritona, que gostou do meu chinês de araque e deu um adeusinho simpático.

PÁSCOA NA CHINA

Manhã de Páscoa.

Acordei cedíssimo. Seis da matina.

Li, enviei e-mails e desci para o meu momento favorito no hotel em que estava hospedada: escolher um chá-verde descrito em minúcias no menu e tomá-lo diante da imensa parede de vidro que dá para o Yu Garden, uma antiga Xangai que não existe mais, ainda com templos e telhados com as pontas viradas pra cima. Não rolou. O chá era de saquinho, só tinha de um tipo e era servido numa caneca ocidental branca e sem graça.

Saí buscando a China.

Chovia. De galochas e guarda-chuva, serpenteei por um beco atrás do hotel que me levava ao Yu Garden, um imenso jardim feito nos moldes do feng shui, com cascatas, árvores centenárias, flores, esculturas e pedras, circundado por um complexo de casarões e templos seculares. Eu estava procurando o monastério de Chen Xiang, onde havia um templo de mulheres que eu tentava visitar toda vez que estava na cidade.

Cheguei a uma esquina e mostrei os caracteres em mandarim escritos numa folha de papel. Aliás, essa é uma boa dica.
Tenha sempre tudo escrito em chinês.
O pessoal em geral não lê letras romanas.

A moça apontou para trás. Eu tinha passado em frente, sem ver, ora essa! Eu, hein! Como pode?

Quando entrei, gritaram para mim, apontando para o lado.
Ah! O ingresso. Esqueci. Paguei a entrada, comprei incenso para oferecer aos deuses e uma pedra do meu signo para me proteger no ano. Na China, tudo custa, tudo se negocia, e muitas vezes somos passados pra trás, como muitos turistas no Brasil. Nesse templo, não pergunto, não questiono, não negocio. É uma casa sagrada, e aquela grana vai ajudar a manter as monjas. Aqui só tem monjas.

Ofereci o incenso aceso para os quatro pontos cardeais, como manda o figurino. Reverenciei a deusa e o Buda e presenciei o fim de uma cerimônia de canto e estudo das monjas. Um mantra totalmente encantador de serpentes. Com as pupilas hipnotizantes como as de Kaa, do Mogli, fiquei ali, fascinada, até o fim. Depois subi para a parte mais reservada do templo. Pensei, rezei pelos que se foram, pelos que ainda estavam vivos e por mim. Saí contente, debaixo de um aguaceiro forte, até achar um lugar de verdade para tomar um chá Dragon Well do lago oeste. Dizem ser o melhor. Suave, macio e gostoso como um irreparável vinho bom. Agrada ao paladar mesmo de quem nada conhece de vinhos.

A casa de chá era toda laqueada por dentro. Escura. Cheia de detalhes, na clássica arquitetura chinesa do fim do século XVII. Os homens fumavam. Me deu até vontade de fumar, para participar daquele ambiente. Sentei ao lado da janela e fiquei cheirando a chuva que caía no laguinho. Com o chá vieram ovos de codorna, amêndoas salgadas e um doce indecifrável e também incomível, para mim. Me ajeitei na cadeira e senti que ainda estava dolorida da massagem chinesa do dia anterior. Mas infinitamente melhor, pensei.

Almocei na rua. Um guioza na chapa. Tem muita comida de rua em Xangai. Não sei como o mar ainda tem polvo, porque os caras vendem espetinho de tentáculos como churrasquinho de gato na frente do estádio. Além desse, há espetinhos de morangos caramelados, melancia, abacaxi, manga e melão frescos, uma panqueca de ovos com ervas enroladas em envelopes. Tem de tudo. É só ter coragem. Ocidentais fotografam e são fotografados pelos orientais. Se tem pau de selfie no Brasil, imagina na China. Pau de selfie e minidrones voando pelas ruas comerciais.

Passei também pela parte mais elegante de Xangai. Mistura de tudo. Umas lojas sofisticadas de design e chá, novos ricos cheios de blimblim e os remanescentes do antigo regime ainda bobos com tantas marcas de nome italiano brilhando em dourado. Tem casais inter-raciais, mas só vi homens ocidentais com mulheres chinesas, e não o contrário. Os chineses gritam e cospem bastante, mas se você não se intimida, eles podem ser supergentis. Em determinado momento, me perdi. Ao mostrar o mapa para uma moça que ia na contramão da calçada, ela resolveu me ajudar a chegar ao meu destino. Nem uma palavra de inglês. Eu queria ir a pé, mas ela me botou no ônibus e falou para a motorista aonde eu ia. Agradeci mil vezes. Tri querida. A motorista conversava alto com a amiga. Gritou o preço da passagem duas vezes, e quando viu que eu não tinha moedas suficientes, ela me disse para sentar. Ofereci nota de cinco, custava três RMB, e eu tinha só dois. Ela fez que não. Fica aí, não tem problema. Fofa. É só não ter medo de grito. Me mandou descer na parada certinha e apontou a rua que eu tinha que pegar.

Para quem reclama da rudeza dos chineses, hoje eu vi uma senhora loira, muito bem vestida, chegar para um guarda e sequer dizer bom-dia. Parou do lado do moço, abriu o iPad e mostrou a ele sem dizer uma palavra. Não é tri querida. **Ou seja, tem de tudo por tudo, viu.**

PERDIDAS EM XANGAI

Na chuva e no frio, resolvemos apelar para um tuk-tuk. Minha amiga Maria e eu apertamos ali nossos busanfins — pronúncia francesa, por favor —, cercadas por plásticos. O motorista parece que entendeu aonde iríamos. Mas não muito. Médio. Médio tá bom para a realidade daqui.

Quando vi, estávamos zunindo e pipocando por vielas cheias de gente local. E nem de longe sabíamos onde estávamos. Até que chegamos a uma clareira naquele bosque de casinhas e me adiantei. Aqui tá bom, aqui tá bom. Maria achava que estávamos nos arredores. Só não sabíamos nos arredores do quê, exatamente. Ok, ok. Marchamos com fome, frio, mas sobretudo muito bem-humoradas, e ainda com sangue pra aventura. Foi no passo apressado que meus olhos de lince treinados para o inusitado — ou para roubadas, como você preferir — me detiveram. O buraco dizia: massagem.

Havia seis cadeiras grandes, três mulheres e um homem trabalhando. Vamos! Negociamos o preço e acertamos o pacote. Corpo inteiro e sessão especial nos pés. O lugar tinha fios pendurados no teto pra todos os lados, frutas na prateleira, chá na chaleira, pôsteres rasgados, bandeirinha da China. Nos levaram para as duas caminhas do fundo, já bem amassadinhas pela turma que veio antes, e nos separaram dos demais com um lençol. Maria e eu mal podíamos nos olhar. Vamos nessa! Vamos firme. A minha massagista acompanhava obsessivamente a bolsa de valores no celular. Sim, aqui eles adoram jogar. A massagem era a melhor do mundo. Elas subiram nas nossas costas, esmigalharam nossos músculos, alongaram nossos artelhos. Teve até cafuné vigoroso. Só escaparam os globos oculares. Tradicional massagem chinesa é para os bravos. Dói. Mas resolve. Estava sentindo o aço dos meus ombros finalmente derreter quando ouvi um arroto leve. Resolvi não alertar a Maria. Mas o pum do vizinho de cadeira ela ouviu. Conseguimos nos manter nos trilhos. **Fomos até o fim. Não viemos ao mundo a passeio.**

SEM GRANA NA CHINA

Não acontece nada errado? Tudo é lindo e maravilhoso? Vivo num mundo encantado da Alice? Não! Não mesmo. Hoje foi uma atrás da outra. Ô, dia de cão! Chuva sem parar e frio. Aquela eterna sensação de ossos molhados e pés gelados. Ainda assim, resolvi pagar uma grana para ir visitar o lugar que eles chamam de "Veneza do Oriente", ou water towns. E, além do preço, o tempo não estava muito firme. Não tem em outro lugar no mundo. É um dia inteiro de viagem, mas vamos nessa. É sempre algo novo, não vais te arrepender. Eu tentava me convencer. Não vais? Tá.

Minha motorista, que virou amiga, me acompanhou, e a amiga dela fez a corrida. Querida Li Hua, sempre se preocupando se eu estava bem agasalhada e me dando biscoitinhos para aplacar a minha eterna fome. Mal sabia ela que teria que ser muito mais querida depois.

A cidade de Suzhou deve ter sido linda nos tempos em que todo mundo morava lá. Hoje, todas as casinhas não passam de carcaças ocupadas por lojas e botecos que vendem as mesmas bugigangas e frituras, uma atrás da outra. Gente passando frio, se protegendo da chuva e gritando pra você comprar. A única cena bonita que vi foi um pescador na beira do canal, com uma rede que eu nunca tinha visto.

Ainda bem que não resolvi passar a noite aqui, como tinha passado pela minha cabeça antes de vir pra cá. Da vila à beira de riachos sinuosos, só a sombra do que deve ter sido. A ideia de comer alguma coisa e tomar um chá ou até uma cerveja em algum lugar para contemplar o curso do rio e me sentir como se estivesse em tempos antigos escoou pelo ralo. Pedi pra sair. Mas já? É, tô com dor de cabeça, menti para me desculpar. Parênteses: Lili não fala inglês nem eu chinês, mas sei que ela é a mais nova de quatro irmãs, que fez um cruzeiro com uma amiga, que o marido é bonito e o filho de 22 fala inglês. De mim, ela também sabe bastante.

Seguindo... Li Hua estava animada com as compras. Fiquei um pouco mais, mas acabamos voltando. No carro, ela me deu água quente que tinha na garrafa térmica. Aqui, muitos bebem água quente. Assim mesmo, sem ervas. Querida, enrolou a echarpe dela na minha cabeça para me aquecer e mandou que eu tirasse os sapatos e me esticasse no banco para dormir um pouco. Ela falava comigo toda dengosa, como quem fala com uma filha ou uma irmã muito pequenininha.

Mal sabia ela. De volta a Xangai, fui tirar o dinheiro para pagar a moça, e eis que o cartão estava bloqueado! Tenta de novo, nada. Ligo para o banco, ligação não completa. Tento de vários jeitos e nenhum funciona. Chove. E as duas me olhando e eu me sentindo uma 171. Acho que Li Hua compreendeu o meu drama. Eu repetia "I'm sorry, I'm sorry". Bloquearam o meu cartão. Mas não tinha mais o que fazer naquele momento. O jeito era ir para o hotel e tentar resolver de lá. Bom,

Li Hua não só disse que eu poderia pagar a moça amanhã como ainda me emprestou dinheiro. Ai, Li Hua querida, motorista chinesa do meu coração!

Agora estou no quarto do hotel com dinheirinho contado para o jantar e o táxi de amanhã, quando chegam a equipe e o Jayme. Imaginem a minha felicidade. Tenho mais seis dias de China e seis de Bahrein. Sem grana.

O banco? Disse que eu errei minha senha três vezes e por isso bloqueou o cartão. E não pode fazer nada por mim. E eu não errei a senha!!! Tudo bem, vocês que estão lendo até têm o benefício da dúvida. É a minha palavra contra a do banco, mas o fato é que os caras simplesmente tiraram o corpo fora e disseram que só podem desbloquear o cartão quando EU for lá!

E eu, a cliente, fico aqui sem um tostão? "Désolés", eles completaram, com requinte de crueldade. Désolés é a @¥£€#%... Desculpem. Só faltou eles me dizerem: "Quem mandou errar?".

JAPÃO E O TEMPO

Volto ao Japão. Volto ao meu tempo. Aprecio a pausa.

Sim, o Japão é frenético.
Tóquio é superpopulosa.
As pessoas trabalham muito, têm pressa.
Mas cultivam o tempo para pensar, observar.

Não só na arte minimalista dos jardins, que quanto mais se olha, mais se vê, mas também no dia a dia.

Nos diálogos, por exemplo.

Quando pergunto algo, há sempre uma pausa antes da resposta. Já me peguei repetindo a pergunta quando a pessoa estava começando a responder comigo.

Ela tinha entendido.
Estava apenas compreendendo.

Eu me senti afoita algumas vezes.

É bom quando o silêncio tem um valor na conversação. Talvez seja por isso que eu me encante com tímidos. Adoro. Meu irmão, meu pai, meus melhores amigos. Para eles, o silêncio não é o nada. O silêncio é um todo imenso que contém um mundo de sentimentos e pensamentos.

**O Japão, aos meus olhos ocidentais,
é uma nação de tímidos.**

Precisos. Delicados, na sua imensa maioria. Mas, claro, como todos os tímidos, podem ser irredutíveis em suas crenças e reservados demais para deixar as palavras que são necessárias saírem. O que é essencial para a saúde do coração.

**Falar para se entender.
A palavra e o tempo.**

Vou te dizer, tem vezes que eu tenho sorte na vida.

Ó que amor. Volto para o hotel depois de um fim de semana quebra-pedra de trabalho. No último dia, suja, com fome e atropelada, encontro no meu quarto um cartãozinho com oito bolinhas de bolo de cenoura e beijos da turma do hotel.

É ou não é coisa boa?

Não estou num mega-hotel, mas num bem bacana, com coisas naturais oferecidas para comprar e comer, no lobby. No primeiro dia, experimentei essas bolinhas e amei.

No dia seguinte, fui procurar e não tinha mais.
Foi o pessoal da recepção que me disse.

Ahhh, que pena, eu amei.
O mocinho da recepção me perguntou:
"Quando você vai embora?" Segunda.
"Vou ver se consigo fazer os fornecedores trazerem mais na segunda." Achei tão querido que dei um beijo e um abraço.

Muito obrigada.

No dia seguinte, encontrei o mesmo guri e disse:
"Ah, acho que dancei, porque na segunda vou embora cedo.
Meu ônibus sai às 8h15".
Ele fez cara de "que pena".

Hoje, domingão, chego no quarto, e os caras conseguiram e ME DERAM mais oito bolinhas de bolinhos de cenoura.
Fofooooos. São ou não são?

Ainda me desejaram boa viagem. ♥

SUDESTADA

Às vezes, precisamos ir para bem longe para sermos pegos de surpresa por coisas legais que sempre estiveram perto da gente.

Ao lado do hotel, aqui em Tóquio, descobri uma pequena loja, toda de madeira escura, que vende perfumes.

Como meu nariz é curioso, fui lá.

O primeiro vidrinho tinha cheiro de relva; um outro, cheiro de algo quase conhecido. Fui olhar o nome:

Elogio de la Sombra!

Achei poético.

Outro se chamava Negra, como meu tio que mora na fronteira chamava minha prima.

Outro, Sudestada.

Imaginei um sopro forte saído das páginas do Erico Verissimo.

Outro, La Joven Noche.

São perfumes feitos em Buenos Aires, com base na vivência campeira e porteña deles. São cheiros muito peculiares. Alguns fortes, outros suaves, mas todos com muito caráter. Nada parecido com os que sentimos por aí em duty frees.

Mas confesso que o que mais gostei foram os nomes.

Adoraria usar um Sudestada!

ACOLHIMENTO JAPONÊS

Fui bem instruída sobre que trem pegar, como achar a plataforma, o número do vagão do trem e... bom, minha poltrona eu sei achar. Mas o resto não era tão simples assim. Nas passagens, só tinha um número ou outro em romano. O resto era tudo em kanji. Mas no fim de cada explicação, Mitsuo, que me ajudou na compra das passagens, repetia: "Qualquer coisa, você pergunta que o pessoal te explica. De repente, até te leva aonde você quer ir". (Explica em japonês, Mitsuo esqueceu desse detalhe.)

Eu já tinha viajado pelo Japão sozinha uma vez, mas notei que quanto mais distante ia ficando a memória, mais irreais os fatos pareciam. Me levar? Um estranho? Parar o que está fazendo para ajudar uma gringa?

Paro de escrever por segundos e sorrio. Rio de mim mesma. Tinha me esquecido. Foi exatamente o que aconteceu.
Bem como da outra vez.

Cheguei a Takayama, uma linda cidadezinha num vale a oeste de Tóquio. Saí de Suzuka às oito e meia da manhã e cheguei aqui ao meio-dia e meia. De malinha na mão, saí da estação com aquela sensação de camarãozinho órfão vagando por aí. Andei por quinze minutos por ruas que não tinham nome, dobrando e desdobrando o mapa, até que entrei numa loja.

"Sumimasen (com licença), Sumiyoshi Ryokan?" E mostrei o mapa com um sorriso torto e as sobrancelhas unidas pra cima.

A senhora saiu de trás do caixa, saiu da loja, saiu pela rua, me chamando de sorridente. Saiu andando com uma bundinha de almofada forrada por um vestido de tons pastéis. Parecia um sachê gigante feito de algodão. E aí ela me indicou um beco entre duas lojas que pareciam duas caixas de concreto.

Agradeci, sorridente, à minha guia-sachê. Mas disse para mim mesma: que bosta. Isso que dá reservar pela internet.
Eu queria uma casa antiga, era isso que eles tinham prometido. Agora tô eu atravessando esse beco no meio dessas paredes cinzas pra ficar numa... numa... que maravilha!

O beco desembocava numa ruela de pedestres, onde uma casa de mais de 150 anos me esperava. Toda em estilo japonês antigo, com parede branca, mas coberta por treliças de madeira escura, plantas na entrada, sininho e porta de papel de arroz.

Entrei pedindo desculpas, um "dá licença" mais educado aos donos da casa, mas desculpas mesmo a mim mesma. Uma senhora e um senhor me receberam sorridentes. O hall de entrada não podia ser mais simpático. Duas meninas tomavam chá na frente de uma cristaleira cheia de bonecos e brinquedos antigos. Deixei meus sapatos na entrada e logo me levaram ao meu quarto.

"Olha, este infelizmente não tem janela", ela disse. Meu sorriso murchou. Que bosta... "Mas tivemos uma desistência. Tem um outro quarto que é um pouquinho mais caro, quer ver?"

O quarto é este onde estou. Quis ver e agora quero morar aqui pra sempre! Todo tradicional. O preço era só um pouco mais caro. Chão de tatame, uma mesa para o chá e almofadas em volta. Uma parede de vidro que dá para o rio onde nadam carpas e marrecos. Tenho ainda uma mesinha pra escrever na varandinha com toalha de renda branca.

Me serviram chá-verde. Conversamos um pouco e comecei a prestar atenção na escultura, no painel com uma cena de pesca em aquarela, na pequena gueixa de porcelana vestida de seda. Que lindo! "É *antique*", disse a senhora magrinha e elegante. A casa era da família do marido, e eles tinham coisas deslumbrantes espalhadas pelos quartos, salas e corredores. Além daqueles brinquedos antigos das gerações anteriores. Um piano. Uma armadura de samurai, cuja história ainda vou perguntar. Uma sala de chá com chaleira de ferro e fogo numa mesa de centro com areia no meio.

Enfim, estou numa casa velha cheia de história, na beira de um rio. E rio, rio para mim sem parar.

TAKAYAMA

1: LOBO MAU E UM PORQUINHO

E sopro... e bufo... e ponho tudo para o ar...

No menu de amanhã, temos furacão para o desjejum. Ele chega de manhã e promete ser o mais forte dos últimos dez anos. Eu nunca vivi um — e confesso que fico curiosíssima. Mas agora me dei conta de que meu quarto é na beira de um rio, numa casa velha. Começo a ficar meio apreensiva.

A senhora que veio me entregar o jantar ligou a TV quando perguntei do tufão. Ficamos vendo, juntas, as notícias da NHK. Tudo em japonês, mas o desenho eu entendi direitinho. Demonstrei minha preocupação com o rio. Ela fez gestos. Deve ter seus setenta e poucos. "Se precisar, eu venho te buscar pra sair daqui."

Ah, tá.

Resolvi então fazer as malas para poder sair correndo em caso de evacuação. Se é que vai dar pra correr. Tenho medo de que não me avisem.

Já vi que não vou dormir esta noite sorrindo como na anterior. Feliz com a minha caminha, meu acolchoado no meu quartinho de tatame. Provavelmente ficarei de orelhas em pé, esperando o lobo mau.

Se o barulho começar a aumentar, tá na hora de correr pra casinha do Prático.

2: FANTASMINHAS

É fim de tarde e repito, pela última vez, meu ritual
em Takayama. Um chá na varanda, acompanhada do rio
e da sombra de uma gueixa. Uma escultura que fica na frente
da parede de papel de arroz.

O furacão passou.

Ao dormir, marquei três pedras para controlar o nível do rio.
Durante a noite, acordei algumas vezes para dar umas olhadas.

A chuva e o vento fizeram as águas subirem. Engoliram a
primeira e parte da segunda. Mas a terceira ficou lá.

E aí o tempo amainou e eu saí pra rua de casaco,
capa e guarda-chuva.

O bom de ficar mais tempo em um lugar é que a gente
se sente quase um morador de verdade. Diz bom-dia aos
vizinhos, às pessoas na rua e nas redondezas.
Comenta o tempo e elas respondem.

Tão bom.

A chuva que restou era fina e fria feito o diabo.
De onde veio esse tufão? Credo.

Mas o fato é que o olho do bicho foi em Tóquio, e por aqui
sobraram respingos. Respingos de tufão, mas respingos.

Fui visitar o museu Kusakabe, construído na Era Meiji,
em 1879, que mostra como viviam as famílias por aqui.

A casa era linda e tudo era bem feito, bem iluminado
e bem exposto para que tivéssemos uma ideia de como
era a arquitetura e a moradia de um rico mercador
de Takayama. Espetacular.

O Rockefeller ficou tão louco quando viu que tentou
comprá-la pra levar pros Estados Unidos. Mas não rolou.
So sorry, my friend.

Dessa vez não tive a sensação de estar invadindo a propriedade de alguém. Os quartos lá em cima davam para um jardim interno. Os vidros das janelas quadriculadas, ainda antigos, eram irregulares, davam uma sensação maluca de uma certa lente de aumento, dependendo do ângulo.

Me ofereceram um chá com biscoitinho de arroz. Superpopular aqui. Sentei num banquinho na varanda e fiquei olhando a chuva no jardim, até que reparei em dois bonequinhos, como fantoches de fantasminhas, pendurados numa pilastra de madeira.

Aí se repetiu uma cena comum a cidades pequenas onde não há muitos turistas de fora do país. A moça me explicava de novo, e de novo, e eu não entendia.

Porque eu não falo japonês!

Aqui quase ninguém fala inglês. Nem os caras que fazem legendas nos museus! Enfim, saquei que eram fantasminhas. Teru teru bozu. Mas não sabia se era para as pessoas que moravam aqui e tinham morrido, não sabia se era pra mantê-las longe ou perto, não sabia se era de criança ou adulto... Enfim, fiquei imaginando mil coisas. Quando cheguei no hotel, fui pesquisar. As crianças fazem isso para trazer o tempo bom.

Achei ótimo, porque no fim da tarde, abriu o sol.

Antes disso, saí procurando um lugar para fazer shiatsu. No Japão, com dor nas costas? É "o" lugar pra fazer shiatsu. Só não numa sorveteria. Eu tinha indicações do endereço, mas não achava de jeito nenhum. Perguntava e ouvia a explicação que eu entendia graças aos meus anos de shorinji kempo: hidari, migi, hidari... Todo mundo que praticou alguma arte marcial sabe contar e como é direita e esquerda em japonês. Ajuda, viram, gafanhotos?

Estava quase desistindo quando entrei numa sorveteria,
do lado do letreiro do shiatsu.

Um homem enorme de bandana preta e avental branco,
de sobrancelhas depiladas, me disse que era ali mesmo.
"Relax" era o nome da sorveteria. Pelo que vi, tinha mais
casquinha ou copinho do que sorvete em si. Mas era coisa
recente. O atendimento era num espaço atrás do balcão de aço
inox... vazio! Nada de sorvete! Atrás do biombo tinha três camas
e uma cadeira de massagens e vários diplomas na parede.
E não é que o cara era fera? Superbom e superprofissional.

Valeu a pena. Saí sem dor alguma.

Zerei.

Quer dizer, só zerei mesmo quando fui a uma loja de saquê
provar os premiados. Provei um de ameixa, um assim, outro
assado, e pedi o ichiban deles. O número um.

Quer saber? Quando uma coisa é muito boa, não precisamos
entender muito do assunto para apreciar. O ichiban era bom
mesmo. Mas comprei o segundo melhor, porque tinha
de garrafa pequena, e eu quero levar pra viagem amanhã.
Quando saí da sessão saquê, comprei mais meias.
Peixinhos, dessa vez.
Aliás, entrei numa loja que só tinha coisas de coelho!
Juro por Deus. Uma coelhada louca. Caneca, toalhinha, lápis,
hashi, coelhinhos de vários tamanhos e materiais, pantufa,
colar, brinco, fivela, cachecol... Eles têm uma coisa aqui
com o "bonitinho". Uma estética estranha, ao mesmo tempo
minimalista superconcentrada, cheia de fru-fru.

**Fato é: ficou frio e ventava. É tempo de ir embora.
Já estou com saudades de Takayama, do meu
quartinho, do meu ryokan, das pessoas,
da minha "neibarrud".**

3: A CASA DO PASSADO

Ontem.

Ontem foi Madri, em 2000. Liguei pra casa enlouquecida, emocionada, apaixonada. Madri é demais, pai!
A música é incrível, pra onde se olha se vê beleza, comi maravilhosamente bem, bebi um vinho... o cheiro das laranjeiras... é... é... aí ele me ajudou: é uma saturação de beleza por todos os sentidos.

Exatamente. Ontem foi isso.

Hoje, no trem, ouvia um som e via o Japão se modificar.
Cada vez menos casas. Até que na janela de lá corria um rio esmeralda. Limpo e fresco. E na minha, eu só via a parte mais alta, porque estava com o banco reclinado.
Uma floresta de árvores tão verde-escuras que pareciam azuis.

As montanhas chegaram. Eu estava na garganta delas, entre matas nipônicas de árvores que eu não conhecia bem. Só identifiquei pinheiro, carvalho e bambu.

Poderia ficar horas apreciando aquele portal, como um túnel para outro mundo.

Depois daquela recepção, levada pela mão na noite fria por uma senhora com jeitinho de almofada, até encontrar meu ryokan, fui andar. Explorar o bairro antigo, que faz Takayama ser chamada de pequena Kyoto, que é considerada uma das cidades mais charmosas do Japão.

Em Takayama, mantiveram a mesma arquitetura de centenas de anos. Pelas ruas estreitas, entrei em casas de chás, antiquários. Sentei com o dono de um deles. Tomei um chá e fiquei perguntando sobre a região, a história daquele lugar, os costumes. Apontava, fazia ruídos de "bonito".
Pedi para olhar uma caixa com aquarelas no papel de arroz.

O velhinho era tão velhinho, mas tão velhinho que,
quando perguntei o preço, pensei em dizer que era o dele mesmo.
A única peça não vendável do estabelecimento. Uma pena.
Aceita cado? "Cartão", em japonês.

Claro que entrei em várias lojas de artesanato local (nada de bolha de acrílico com neve dentro). Este é um lugar turístico para japoneses, não há muitos estrangeiros. Por isso, talvez, não tenha tanta buginganga de plástico e purpurina. A buginganga deles é legal. Pequenos amuletos costurados em sedas. Figurinhas de cristal. Papéis lindos. Hashis diferentes. Impressões antigas. Quimonos. Yukatas (chambre aquimonado pra ficar em casa). Takayama tinha e tem exímios marceneiros, que fazem peças incríveis com madeiras que eu nem sabia que existiam.

O detalhe não é detalhe para o japonês. É o principal. O conjunto tem que estar perfeito. Comprei um potinho feito de cerejeira para pôr comida. É tão dourada e o toque é quase macio de tão liso.

Muito impressionante.

Comi coisinhas pela rua. Churrasquinho que quase derrete na boca, e por isso é famoso aqui. Tomei uma biiru ("cerveja"). Tomei sorvete de chá-verde, com o qual me acostumei e agora não consigo viver sem. Provei uma bolinha tostada que acho que é de arroz.
E fui a um museu. Casa Hirata.

Numa esquina meio abandonada, um museu meio largado às traças. Tanto que tive que chamar o porteiro, ou o dono, para que eu pudesse pagar e entrar. Estava tudo aberto, com aquele cheirinho de biblioteca.

A ideia era mostrar uma casa de família do período Edo.

Entrei sozinha. E sozinha fiquei durante toda a visita.
Acho que o lugar não é muito conhecido. Ou procurado.

Tirei os sapatos, calcei os chinelos e fui entrando nos cômodos, sem saber se podia ou não.

Não tinha indicação, ninguém me disse nada.

Será que é escritório aqui ou pode entrar? Será que é depósito aqui ou pode entrar? Será que este quarto já está pronto para visitação?

Foi me dando uma sensação estranha. Porque a casa era uma casa mesmo. Uma parte construída no fim do século XIX que se ligava, no fundo, com outra, construída no fim do século XVII.
Tinha uma sala com lugar para fogo bem no meio.
Com almofadas em volta e uma chaleira de ferro.

Era a casa e a loja de um próspero mercador que vendia velas e uma pomada muito popular para usar nos cabelos.

Ele enriqueceu e virou colecionador de arte.

Em nenhum momento esse museu parece um museu de fato.
Só pela quantidade de coisas. A Casa Hirata é a casa velha de alguém, onde as coisas das gerações que viveram ali foram se acumulando.

Meio bagunçado, amontoado, mas de uma riqueza impressionante.
Tinha tudo, tudo, tudo... Nunca vi um museu tão completo.

Juro.

Quartos, salas, cozinha, jardins. No segundo andar...
De novo: será que eu posso subir esta escada?
Subi, estalando os degraus de madeira.

Em um dos quartos, duas cadeiras ainda estavam viradas para a janela, para apreciar o jardim.

Confesso: sentei numa delas. Fiquei imaginando quando e o que pensava quem costumava sentar ali.

Os brinquedos, os livros, as roupas...

Dava para imaginar as pessoas vivendo a história do Japão.
As mulheres, com aqueles pentes, arrumando os cabelos no estilo gueixa, com aquelas bolsinhas de seda, saindo para fazer compras. A bolsinha do dinheiro geralmente era cor de damasco.

Aliás, as mulheres de classe alta escureciam os dentes
com uma tinta preta que parece que também prevenia cáries.
Mapas, óculos, lentes de aumento, pinturas nas paredes, velas.
Lamparinas de papel das mais diversas ocupavam um só quarto.

Em uma vitrine, até aviõezinhos de lata com os quais as crianças deviam brincar durante a Segunda Guerra. Rabos compridos de cabelos cortados. A influência chinesa nos desenhos dos livros. Um pôster com uns anjos barrocos que saíram sei lá de onde!

Ai, não pode rir, foi me dando uma sensação estranha.

Aquele cheiro de coisa antiga, os meus passos solitários pela casa. Parecia que eu estava invadindo a casa de alguém.

Para quem acredita em fantasmas, o lugar é um bufê self-service.

Adorei, mas não fiquei o tempo que poderia.
Não era medo, não.
Nada disso.

Era mesmo uma sensação que misturava ansiedade de entender e querer ver tudo sem ter tempo com a sensação estranha de entrar na toca de alguém.

O PRIMEIRO ONSEN

Pelada ou não? E se for pelada, quanto?
Assim, meio que me esgueirando pelos cantos, quase camuflada com uma toalhinha de rosto revezando entre peitos e perereca, pururuca, como quiserem chamar. Os japoneses são discretos. Mas como ser discreta caminhando pelada?

É que troquei de hotel. E este é hotelzão com onsen e tudo mais. Onsen é um tipo de sauna, mas, em vez de vapor, são banhos quentes. Às vezes, em lagos naturais; às vezes, em piscinas; às vezes, em ofurôs pouco maiores que uma banheira. Nesses pequenos, normalmente se entra sozinho ou, no máximo, com uma pessoa.

Só que há um código de comportamento. Claro. Os japoneses são ritualísticos e se chocam conosco muitas vezes. E se há de convir que o que está em jogo não é o talher trocado, mas estar PE-LA-DA na situação errada.

Há três anos, eu tive uma aula particular num mini-onsen do meu hotel em Tsu. Aprendi com uma senhora que lá estava que a gente tira a roupa na antessala. Toda! E depois entra na salinha do ofurô. Toma um banho sentadinha num banquinho, com uma baciazinha. Com a toalhinha cheia de sabonete líquido, a senhora me mostrava que eu deveria me esfregar, tirar toda a espuma, e só então entrar no ofurô.

Lá, naquela salinha, éramos nós duas. Eu e a velhinha querida. Depois do ofurô, novo banho com shampoo e condicionador. Ela mostrando tudo, na torneirinha e no banquinho ao meu lado. Coisa querida a velhinha.

Mas aí, passaram-se três anos e saí do jardim de infância. Fui sozinha pro colégio dos grandes. Das grandes. Só mulheres. Fui de yukata (aquele quimono de ficar em casa) e levei minha toalhinha relembrando as primeiras lições e me perguntando se ali, no mundo adulto, seria igual.

Entrei no vestiário e já tinha uma mulherada pelada na frente dos armários, se vestindo. Até aí, tudo bem. Quem frequentou algum clube já viu isso. A diferença é que ali não era a tia fulana, a irmã da minha amiga, a filha da sicrana, a própria sicrana e a avó da sicrana. Era um monte de peitos e pererecas que eu nunca tinha visto. Tudo assim, como se nada... Achei engraçado.

Aí tirei a roupa e com a minha toalhinha fiquei insegura. Perguntei a uma senhora (as velhinhas sempre me salvam): entro ali? Assim? E apontei pra mim mesma. Ela disse: "Sim... vai, vai".

Abri a porta... e o recreio era enoooorme. Uma sala grande com mais de trinta japonesas peladas, de um lado para o outro, e uma linha delas tomando banho sentadas de frente pra torneirinha. Não tinha lugar pra mim. E nua, de pé, com a toalhinha, fiquei ali. Que nem um mordomo com o guardanapo. Só que pelada. A única ocidental. A impressão que eu tinha era que todas elas estavam vestidas e eu era a única sem roupa.

Aí umas duas passaram na frente. Vi que não tinha muita ordem. Uma emprestava a torneirinha do chuveiro pra outra. E era banhão mesmo.

Fiquei meio sem saber como agir. Me agachar ali do lado de alguém? Sei lá. Como se segura os talheres? Me senti um orangotango numa mesa com a rainha da Inglaterra. Aí, quando eu já estava quase chorando, uma mulher me indicou um lugar vago. Eu agradeci e disse: primeiro a senhora. Ela, falou: "Não, pode ir". E me mostrou como funcionava a torneira e tudo mais.

Ai, amém! Nunca pensei que um banho me daria tamanha sensação de alívio.

E o bem-estar só aumentou. Já me sentindo em casa, fui para a "piscininha" quente do lado de fora. Estava frio de fazer vapor. E lá fiquei eu, de molho, com mais nove japonesas, olhando a vista e relaxando na água quente.

Curti. Pode me mandar para outro, que essa eu matei no peito.

ONSEN BLADE RUNNER

Ok, a minha manhã já havia sido bastante emocionante. Mas a verdade estava nas ruas: o calor e a umidade do alto verão nipônico são de matar.
A gente fica melado e bufando o dia todo. Cogitei até comprar uma sombrinha. Sim, eu, "alemã" de um metro e setenta. Teria que ser um sombrão. Não comprei, mas adquiri uma toalhinha para secar o suor do rosto. Coisa que, em quinze anos de Rio de Janeiro, nunca me passou pela cabeça usar.

O almoço tinha sido ótimo, num restaurante antigo e simples. Um peixe espetacular. Nem parecia que eu estava na ultramoderna, cosmopolita e megapopulosa Tóquio. Nove milhões de habitantes!

No fim do dia, a promessa era ir a um onsen relaxar. Eu já havia feito isso em velhas casas ou hotéis tradicionais em pequenas cidades do interior do Japão, durante o outono, e realmente ficar mergulhada em um banho quente é melhor que Diazepam. Mas ali estava eu, em uma fila em zigue-zague com dezenas e dezenas de pessoas, na capital do país, em pleno verão. Eu estava achando estranho.

Meu olhar de gato desconfiado desviou durante dois segundos para o rabo abanando de um cachorro contente, quando me apresentaram o primeiro passo do onsen: escolha o seu yukata (quimono de algodão para usar em casa), temos dez tipos. E ainda a cor da faixa para usar na cintura. Arfando e de língua de fora, meus olhos pulavam de uma padronagem a outra. Posso mesmo? Escolher qualquer um? "Sim. É o que você vai usar aqui dentro." Hachi. Oito, falei em japonês. Aquele com a faixa azul. Sentei, dei a pata e ganhei meu kit. Me vesti. Me achei linda.

E dali entrei para um mundo totalmente surreal.

Era um lugar imenso. Uma mistura de spa com clube e parque de diversões. Dezenas de japoneses com os yukatas oferecidos pela casa (não é permitido entrar de roupa) e sem sapatos transitavam entre jogos eletrônicos, barraquinhas de pescaria para crianças, portas de salas de massagem, manicures, leitura de mãos, restaurantes de sushi, tempurá, yakitori. Nas paredes, o Monte Fuji, personagens de mangás... Fiquei totalmente fascinada com aquela Disney Blade Runner. Guiada por Tamy e Keiko, minhas amigas nessa aventura, segui para os vestiários do onsen propriamente dito. Eu estava com medo de entrar numa piscina térmica com uma centena de mulheres peladas a dois palmos de distância de mim. Gaijin ignorante.

Passei pelo já conhecido ritual de tirar a roupa toda, meu lindo yukata, e sair com uma toalhinha de rosto, caminhando como se nada houvesse, e entrei num ambiente imenso, com o pé-direito altíssimo e uma parede inteira de vidro que dava para um jardim interno. Me senti como se fosse há muitos séculos, em outra civilização. Ali, vários ofurôs de diversos tamanhos e com águas de propriedades diferentes recebiam as mulheres para tranquilos banhos e conversas relaxadas.

A água a 40 graus que vem das entranhas da terra promete alguns benefícios. A água fria ionizada promete outros. As nanobolhinhas de uma outra causam uma sensação engraçada no corpo. No jardim japonês, ao ar livre, eu era um daqueles macacos que caem no sono dentro das piscinas quentes naturais nas montanhas geladas do Japão. Vi mães com filhas, bebês de colo, avós com netas e muitas amigas com a toalhinha na cabeça, deixando rolar solta a fofoca.

Foi num bate-papo desses que eu, totalmente relax com o troca--troca de ofurôs, vi por uma porta algumas mulheres deitadas sobre mesas de massagem plastificadas e uns chuveirinhos de mangueira. Perguntei a Tamy o que era. É um tipo de esfoliação coreana. Elas usam esponjas especiais e passam pelo seu corpo todo. Bem forte. Sua pele fica absurdamente macia depois. "Dizem que esse é o segredo da pele das coreanas", disse minha amiga japonesa, que é modelo e tem uma pele incrível.

Quero! "Olha, mas é forte, hein?!", ela me avisou. Tá bom, eu quero. Fomos lá e marcamos. Meia hora de tratamento. Eu não tinha ideia do que estava por vir. Esfoliação foi pouco. Vinda de uma semana de praia em um lugar superseco, com a esfregação, o que saía de mim não eram "cobrinhas" (aquele graining dos pneus de F1), mas camundongos maiores que o Mickey. Credo! E eu, que me achava tão limpinha. "Não é sujeira", disse a moça, "é pele".

Pelo jeito, vou sair não só mais macia, mas mais lisa e talvez até mais fina, pensei. A "maciez" da esponja era como uma bucha de lavar louça. A parte verde daquela esponja verde e amarela, sabe?

Foi um tratamento completo completíssimo. Lado A e lado B, de cima a baixo. A esponja passou por lugares que nem eu sabia que tinha. Aí, novo sabonete e chuveirinho. No fim, comigo ainda deitada, ela lavou os meus cabelos com shampoo e creme rinse. E mais chuveirinho. Domo arigato.

Deixei uma Mariana na mesa e saí de lá de dentro rindo, pra variar.

SHIRAKAWA-GO, FESTIVAL NA ALDEIA

O lugar é uma aldeia num vale verde banhado por um riacho azul-turquesa. Cor de água que vem do gelo.

Em Shirakawa-Go neva tanto no inverno que os pobres aldeãos ficam com três metros de neve no jardim, no teto, na calçada. Por isso as casas desse lugar têm um telhado diferente das outras casas japonesas. É em ângulo, como na maioria das nossas. Eles chamam de gasho, em formato de mãos unidas em reza.

Essa é uma aldeia de cultura agrária. Primeiro, eram os bichos-da-seda que produziam lindas sedas. Depois o arroz virou quase monocultura.

O lugar é tão lindo, tão isolado e tão bucólico que é considerado patrimônio histórico da humanidade. A Unesco que disse.

Só que os telhados de junco e as casas de madeira de três andares às vezes sofrem. Sofrem com o fogo, com a chuva, com a neve. Há sempre um esforço conjunto para mantê-los. Aliás, as fotos desses dias de trabalho, com dezenas de pessoas penduradas nos telhados, são incríveis. Parecem aqueles filmes de faroeste, quando os peregrinos construíam seus vilarejos. Shirakawa-Go não tem mais de 600 habitantes. No total, são umas 200 casas espalhadas.

Na vila onde estou, são umas 20.

Me preocupei em reservar um quarto num ryokan que fosse em uma dessas casas, construídas antes de 1600. O problema é que o lugar é pobre. Vive do turismo e do arroz. Portanto, vira uma mini Gramado, uma mini Campos do Jordão. Todas as pequenas lojas têm as mesmas coisas. A cultura local foi pouco explorada ainda, ou talvez pouco desenvolvida. Mas duvido que não houvesse uma pintura, um artefato, um instrumento só daqui.

Contando com o turismo frequente, a dona do meu ryokan é meio desleixada. Tá aqui, tá bom. Sabe como é?

Fiquei meio choramingueta depois dos mimos com que fui tratada em Takayama.

Mas tudo bem.

Passei o dia explorando. Entrei em casas antigas para ver como os moradores da vila viviam. Subi a montanha, desci pelo mato. Vi flores, respirei ar fresco, curti visuais legais. Achei legal me aventurar pela mata no Japão. Uma coisa que só fazia no Brasil.

Ainda assim estava com aquela sensação de... incompletude. Faz parte. Tem viagens que são legais, outras nem tanto.

Mas aí é que vem aquele papo. Quem tem boca vai a Roma e, se der mole, ainda conhece o imperador. Pois eu fui a um museu meio ao acaso. Saí do meu ryokan e ouvi uma flautinha e um cântico de monges.

À la pastor-alemão, fui seguindo minha audição. Não dava pra ir pela estrada, porque eu iria perder aquela pista. Me embrenhei numas macegas, passei por trás de duas casas, subi num tronco, numa pedra, pulei pro outro lado e, com umas plantas na cabeça, cheguei a um museu. Tinha até estacionamento se a pessoa chegasse pela frente, como um ser humano civilizado.

Pois o museu pequenininho, de onde vinha a música, mostrava os festivais de primavera e outono. As fantasias, as músicas.

Putz, o de outono aconteceu três dias atrás. Que burrada. Tinha que ter vindo pra cá antes. Que droga! Olha que legal a dança do leão, os monges, o povo... Que pena. Na saída, fiquei naquele papo de "burajiru", Brasil na língua deles. Tal e coisa e coisa e tal, e a moça me disse que tinha outro festival hoje em outro templo, a vinte minutos a pé dali.

Rá! Fui, né.

Claro que eu fui.

Cheguei lá e estava toda a comunidade local na maior quermesse! Primeiro teve uma cerimônia com vários monges e um supermonge com chapéu de topete. Aí, dois deles derramaram um líquido branco dentro de um barril. Um dos monges benzia o barril e os outros com um galho de folhas verdes. Lembrem que estou em um lugar onde ninguém fala inglês, portanto eu não entendia nada. Só descobria
as coisas pelos gestos e minhas parcas palavras em japonês.
O fato é que, quando olhei pra trás, o povo todo estava de joelhos com um copinho na mão. Comprei o meu e me ajoelhei no meio das velhinhas, que me acolheram com a maior simpatia.
Sorrisão de gengiva e muita conversa em japonês.

Eu só concordava e sorria.

Então, vieram umas moças que serviram à gente o conteúdo do barril. Todo mundo muito sorridente e conversador. Festa em aldeia, né?!
O que era o líquido?
Saquê!!!
Saquê para o deus protetor daquela região e saquê pro seu povo!
E pra mim.

Olha, só sei que teve música e dança,
e as velhinhas me faziam beber o tempo todo.

Morriam de rir. Pinguças profissionais. Guardavam seus copinhos e mandavam me servir. Pediam pra eu dizer: oishiii!
Eu dizia. E elas morriam de rir.
Achei que oishi, àquelas alturas, poderia ser alguma bobagem.
Aquelas senhoras estavam muito espertinhas.
Mas oishi quer dizer delicioso.

E assim foi, oishi.

KOYASAN:

1: O INÍCIO

Em vez de pegar muitos trens e alguns ônibus e me perder por aqui, como é comum a qualquer gaijin, contratei um amigo de um amigo decasségui que mora em Suzuka para me trazer a Koyasan. Esse é o ponto central entre a cadeia de montanhas Kii. São oito montanhas que se posicionam como as oito pétalas de um lótus. Estamos no miolo, mais no alto, dessa flor sagrada. Quanto mais subíamos a estrada sinuosa entre a floresta de cedro e pequenos vilarejos na encosta de riachos, mais os olhos puxados do André, o amigo do amigo, se arregalavam. "Mas isso aqui é um fim de mundo", disse ele, quase como um sussurro. Mais alguns quilômetros: "Estou ficando preocupado com você".

Acho que o André não está acostumado a se afastar das cidades.

Nesse lugar isolado de tudo, no ano de 814, foi fundado o budismo esotérico e foram construídos mais de cem templos para estudos dessa escola do budismo.

Mal cheguei e ainda estou embasbacada com tudo.

Essa é uma rota milenar de peregrinação, e aqui pode ser o lugar de chegada ou de passagem para outro canto. Estou hospedada em um templo de jovens e simpáticos monges, onde tem lugar para peregrinos e quartos para gente que está viajando, como eu. Comi a refeição vegetariana que eles prepararam para mim e fiz uma sessão de meditação, na qual quase morri durante os quinze minutos em que tive que ficar parada.

Hoje tem lua cheia e vamos visitar um dos mausoléus mais importantes da região. Volto para o templo às 20h30, tomo um banho no ofurô e durmo até 6h30 para assistir à cerimônia matinal e depois o tomar o café da manhã.

Ah, o monge que fala inglês disse que esteve no Brasil e sabe sambar.

Fiquei olhando para aquele careca de olhos puxados, vestido de cinza, e foi difícil imaginá-lo no Bip Bip, em Copacabana.

2: CEMITÉRIO

Uma visita ao cemitério na noite da superlua. Há quem tenha arrepios na espinha. Eu não tive. Estava acompanhada de um monge que me explicaou alguns dos vários símbolos dessa religião, em um bosque lindo, de cedros centenários. Estávamos numa floresta azul. Éramos um grupo de gaijins. Forasteiros nessas terras.

Nesse cemitério não há lápides que nos lembrem da pessoa deitada ali, morta, abandonada, só e gelada debaixo da terra. Também não existem mausoléus com anjos e santas chorando, nem caminhos obscuros com cheiro de flores velhas, sem vida, coisas que transformam o pai, o amigo, em "entes queridos". Acho horrível. Cada um com a sua religião e com o seu ritual de despedida. Pra mim, necessário. Mas não dá pra negar que os nossos cemitérios parecem mais mórbidos e trágicos.

O cemitério que visitamos é o lugar mais sagrado dessas montanhas, porque é aqui que está embalsamado o fundador do budismo esotérico e desse complexo de templos, Kobo Daishi. A lenda diz que ele mesmo não morreu, que entrou em uma espécie de tumba e foi meditar para sempre.

A caminhada noturna sobre a estrada de pedra cheirava a cedro. Os pinheiros aqui são sagrados. E tem seis tipos: os que a gente mais conhece são cedro, cipreste e *Araucaria columnaris*, aquele que compramos pra fazer de árvore de Natal. E ainda tem um de agulha que finca. E o que eles chamam de umbrella, de galhos virados para o céu, bem típico das pinturas japonesas. Os pinheiros dessas montanhas sempre foram usados para reformar os templos, e as agulhas para fazer os telhados, que são trocados a cada 50 anos. Vale lembrar que o lugar foi fundado no ano de 816.

Volto ao cemitério? Volto. É que tem tanta coisa pra contar! No cemitério há centenas de pequenas torres, que parecem totens, entre as árvores. A parte de baixo, quadrada, simboliza a terra; logo acima, uma esfera representa a água; depois, uns formatos irregulares são para fogo, vento e universo. O monge contou que tudo que tem vida tem esses cinco elementos.

Qualquer um que se identifique com essa religião pode ser enterrado aqui. Não, não tem cadáver. A pessoa é cremada e dividida em três partes. O osso da garganta é separado. Ele parece um buda sentado. É pela garganta que sai o som, fonte importante de expressão. Esse ossinho vai ser enterrado no cemitério. Duas urnas com as cinzas são separadas. Uma vai para o cemitério e outra para a casa da família. E a base de tudo é sempre tentar ver o lado bom das coisas e não focar demais no ruim. Tem até um buda guerreiro que ajuda nisso, a cortar os maus pensamentos e sentimentos.

Por todos os cantos, há pequenos e grandes budas enfeitados com algo que parece um babador vermelho. Esse é o buda criança. Jizo é também o buda que leva a pessoa que morreu para o paraíso. Falamos muito de morte, porque o budismo dedica muitos dos seus pensamentos a isso, a essa passagem. Já o xintoísmo se dedica mais ao nascimento, ao casamento, ao novo. O xintoísmo é fundamentalmente japonês. O budismo vem do estrangeiro. Da Índia, da China. O budismo chamado esotérico tem esse nome porque abre muito espaço para mensagens secretas escondidas na natureza, que devem ser descobertas. E aqui tudo se mistura. As lanternas têm muitos símbolos da lua, porque a lua somos nós, com todas as fases dela.

A lua iluminada pelo sol buda. Isso tudo foi ensinado entre paradas esporádicas e com um som estranho no fundo. Achei que fosse um corvo da noite, mas eram esquilos alados. Lavamos budas de bronze, rezei um pouco. Em algumas escadas, a gente não podia tropeçar, porque, segundo a lenda, seria morte certa em três anos. Deixei a palma da minha mão esquerda fechada quase todo o tempo. Uma amiga me contou que os espíritos maus entram por ali, para trazer má sorte. Por via das dúvidas... sei lá, né. Voltei para o templo onde estou hospedada, tomei um banho quente no ofurô e dormi tanto o quanto o meu vizinho roncador do outro lado da porta de papel me permitiu. É uma coisa linda, mas tem seus inconvenientes.

Ou, segundo Buda, tem seus inconvenientes, mas é bonita.

TOUCINHO BUDISTA

Velhos monges têm cara de sábios. Andam sem fazer barulho. Geralmente usam óculos, e muitos se apoiam em bastões. Eles passam quase despercebidos pela gente. Como estamos numa área de muitos templos de estudo, há muitos jovens monges por todos os lados.

Vestidos de preto, cinza, branco, com mantos amarelos e vermelhos, eles passam de carro, de ônibus, de bicicleta. Muitas vezes falam alto, brincam. Aqui no templo onde estou hospedada, ouvi ontem uns gritos vindos da cozinha, seguidos de gargalhadas. Certamente alguém devia estar usando o pano de prato enrolado de chicote, para tirar aquela lasquinha, brincadeira conhecida por quem tem irmãos. Hoje, dois monges que capinavam atiravam umas mudas de ervas-daninhas num terceiro, que estava chegando. Como se fossem moleques.
Dá uma certa estranheza, mas é também muito engraçado. Desafia nossa noção estereotipada sobre monges, budistas e monges budistas.

Ontem dei muitas risadas com o "monge chefe" daqui. Ele veio trazer o meu jantar. Sim, eles servem, assim como o soldado mais raso dessa hierarquia. Então, num inglês meio atropelado, ele me contou que tinha estado no Brasil, num templo em Suzano, e que comeu tanta feijoada que engordou quinze quilos em dois meses. E lá se foi o caminho do meio, o comedimento zen-budista...

Os japoneses adoram o Brasil, de modo geral.

O médico do templo veio me fazer um shiatsu porque ando meio dura e com dor de cabeça. Ele é músico nas horas vagas e toca música brasileira dos anos 1970! Gosta muito do Clube da Esquina e conhece várias do Beto Guedes, do Lô Borges e do Milton. Fiz uma nova lista pra ele. Inclui Novos Baianos, Azymuth, Tim Maia, entre outros. Acho que ele vai se divertir nos próximos dias.

A massagem? Esquece o colinho da indiana Bindu, em Singapura (aquela da massagem amorosa e materna). Esquece tudo aquilo. Caratê nas costelas. Mas bem no meio delas, e lentamente, até chegar no fígado. Quase morri. Mas nessa precisão entre fibras musculares, ele descobriu a fonte da minha enxaqueca.
Um ponto na nuca, logo abaixo do crânio, onde se concentra tudo de ruim que tenho, sinto e absorvo. Poucas vezes na vida senti tanta dor quanto nos momentos em que ele pressionou ali. Uma dor metálica, densa, plúmbea. Um horror. Hoje já estou melhor, mas ainda meio esquisita. Pelo menos descobrimos e abrimos a caixa de pandora. Vou sair para almoçar com ele
e a esposa, que faz papéis japoneses da forma tradicional milenar. Vou contar como estou me sentindo.

Se der, ainda faço mais uma sessão antes de começar a caminhada na floresta.

ESTRANHAMENTO

Hoje, uma pequena van subiu na calçada, bem na minha frente, e fez o retorno na estrada que sai de Koyasan. Fiquei pasma. Ontem, eu vi uma japonesa jogar um papel de bala em um córrego e uma outra me atendeu de "maus bofes", como diria a minha mãe. Não é todo mundo que é delicado e prestativo no Japão. Não é todo mundo que respeita as regras de civilidade, e nem todo mundo é reto e obediente. Mas essas pessoas são exceção. Inclusive, fico embasbacada nas poucas vezes em que presencio cenas desse tipo. Sério. Fico parada olhando.

Engraçado, porque não fico tão surpresa com respostas ríspidas, com a preguiça de prestar um serviço ou com o papel jogado no chão em outros lugares do mundo. Infelizmente, isso já está espalhado pelo planeta. Mas aqui no Japão o respeito pelo outro, no dia a dia mesmo, ainda é muito presente. Mesmo sendo este um país superpopuloso, as pessoas não se esbarram. Pedem licença com muita polidez ao passar. Apesar de quase não haver latas de lixo na rua, e de este ser um povo que dedica tanto cuidado e bom gosto às embalagens, quase não se vê sujeira no chão. Cada um é responsável pelo seu lixo. E não é só comum, é também natural levar o próprio lixo para casa. Papel de bala, garrafinha de água. E o consumo diário passa a ser totalmente consciente. Tudo na bolsa, no bolso, até encontrar uma lata de lixo na rua ou chegar em casa.

Quando o espaço do outro é invadido, o pedido de desculpas é quase de joelhos. Em Suzuka, uma moça esbarrou em mim em uma sala de imprensa, e eu acabei derrubando chá na minha mão. Ela me pediu perdão mil vezes e foi atrás de mim no banheiro para ver se eu não tinha me machucado. Hoje, uma amiga, artista plástica, estava com sua bebê de um ano no colo. Com uma dentada, a menina explodiu um potinho de leite daqueles para o cafezinho.

Espirrou para todos os lados, respingando um pouco na moça da mesa ao lado. Jovem e descolada, minha amiga pediu perdão e disse: "Tá tudo bem, a gente limpa". O marido foi até lá de mãos juntas. Achei ela meio diferente do que eu estava esperando, pois ela não tinha o jeito comedido que a maioria dos japoneses tem. Mas lá estava ela com a menina, que não parava quieta. Entendi que ela não tinha tempo para tantas desculpas e estava muito atrapalhada com a criança. Mas, uns quinze minutos depois, ela se levantou e levou para a mesa da vizinha respingada uma geleia que ela comprara ali mesmo no restaurante, embrulhada para presente. "Me desculpe", ela disse à outra.
Aff, amei minha amiga pra sempre!

Que querida.

E por aí vai. Certa vez, eu estava em um parque no centro de Tóquio, durante uma manhã ensolarada de feriado. O parque estava cheio, mas todo mundo pôde aproveitar a paz que queria e de que precisava. Quem me chamou a atenção para isso foi Tamy, amiga nipo-brasileira: "Mariana, nota o silêncio". Fiquei quieta e me dei conta de que ninguém berrava, nem com os outros, nem no celular. Sem contenção, as pessoas conversavam naturalmente. As crianças corriam e brincavam. Ninguém ligava seu aparelho de som portátil. Eu ouvia o barulho dos pássaros, da fonte e até o silêncio. Incrível.

Acho que apesar das idiossincrasias do Japão, como a caça às baleias, a poluição, o acidente nuclear de Fukushima, a condição da mulher japonesa e tantas outras coisas, este é um lugar que me dá paz. Aqui, o menos é mais. Na estética, na palavra, em tudo. **Do jeito que vivemos, bombardeados de solicitações e tentando dar conta de tudo, se deparar com o "menos" dá um alívio danado.**

CANTANDO COM O DR. TAKA-SAN

Uma hóspede espanhola trocava navalhadas azedas com um amigo à beira do laguinho, onde eu lia ao sol, quando o Dr. Taka-san chegou para me buscar para o almoço e mais uma sessão de fisioterapia. Meu pescoço tinha virado concreto. Quieto, sorridente e falando baixo, ele me apresentou melhor a Yasuko, que eu havia visto muito rapidamente na noite anterior. Ela era uma artista plástica que fazia papéis à moda antiga do Japão. Juntos, tinham um chaveirinho. Uma filhota de um ano e fraldas molhadas de arte.

Eles escolheram um restaurante descolado, meio natureba. Yasuko é agitada, sorridente e falante, como um passarinho, ela mesma se definiu. Muito engraçada e leve. Ele, mais tímido. Os dois são bem bonitos e a filha é um esquilo de curiosa. Pedi um suco. Ele traduziu para a garçonete e depois os dois me olharam, estranhando: "Mas com a comida?". Pela reação deles, respondi: não. Ah, bom, eles fizeram, com cara de "agora, sim". Pedi antes. Eles acharam normal. Esse Japão é engraçado. Quando menos se espera, a gente estranha.

Comemos muito bem. Falamos pouco. Ainda meio sem ritmo, e com algum problema de comunicação por uma questão de fluência e falta de compreensão de muitas palavras. Ele falava um inglês um pouco esburacado, mas se fazia entender. Ela entendia, mas não falava. Entre traduções e um papinho aqui, outro ali, terminamos o almoço. Me perguntaram se eu iria visitar algum templo. Não, já fui. Então, através do marido, Yasuko me convidou: "Vamos lá em casa tomar um café". Eu já tinha tomado, mas aceitei, claro.

Na parte de baixo da casa funcionava a clínica; em cima, o lar. Uma delícia. Ela me fez sentar. Fomos falando mais, e rindo.

Mostrei fotos da família, ela adorou. Depois sumiu. O marido começou a me trazer CDs e vinis e me contou que iria fazer um show em Tóquio na semana seguinte. Entre outras músicas, tocaria "Tudo o que você podia ser". Ele me mostrou o vídeo. Música boa, banda de qualidade. Mas não dava para entender nada da letra. Ele pegou o violão e começou a tocar, timidamente. Cantei com ele. Aos poucos, ele foi me perguntando: "Como se diz essa palavra? O que quer dizer isso? E esta?". Sugeri ensaiarmos. Cantamos várias vezes aquela música e depois ele pediu para eu gravar no iPhone, para que ele pudesse treinar. Gravei. Yasuko reapareceu com um cafezinho em uma linda xícara, cuja alça era uma borboletinha. Além disso, trouxe pequenas gostosuras arrumadas japonesamente com florzinhas e folhinhas coloridas do outono. Viva o Japão. Domo arigato. Elogiei a xícara. Tinha achado o objeto muito bonito mesmo, mas também é de bom tom elogiar a porcelana ou a cerâmica onde te servem qualquer coisa.

Eles são um casal jovem, e a pequena tem um anjo da guarda samurai, porque os dois são bem desligados, apesar de amorosos.

Aí ele seguiu... "E esta aqui, você sabe cantar?" Sei. Cantamos o disco todo. Repassamos as partes mais difíceis. Yasuko sumia cantarolando e reaparecia com surpresas. Depois veio o chá. Me serviu em uma xícara pintada com detalhes coloridos, que elogiei de novo. Ela sorriu e disse: "Hermès". Nossa, que chique, eu devolvi em bola alta. "Foi um presente que ganhamos e eu fiz questão de trazer pra você", ela devolveu na mão, com suavidade. A tarde foi passando e muitos discos e novas músicas foram cantadas com Taka-san. E o frescobol, com bolas perfeitas, seguiu com minha parceira japonesa. Rimos bastante. Ganhei ainda um vestido dela com tecidos antigos japoneses. Ele me presenteou com um disco da banda dele, mais uma sessão de ondas curtas no pescoço e a garantia de que estaria bem no dia seguinte.

Já tô bem agora.

YOU HAVE TO HAVE BALLS

**Desculpe a sutileza do título,
mas foi o que aconteceu hoje.**

Último dia, chega de templos e museus. Depois da prece da manhã e da cerimônia do fogo, em que pedi amor e paz para os que amo, para me livrar de pensamentos turbulentos e para que a gente encontre alguma saída para questões sociais que estão eclodindo no mundo, tomei meu lindo café da manhã e resolvi fazer a trilha que começa ao lado do portal de entrada de Koyasan. A entrada da floresta de cedros era superbonita, com um Tori, aquele pórtico vermelho usado pelos xintoístas, que acreditam na purificação da alma ao cruzar por ele. Apesar da chuva fina, eu estava animada. Foi quando, depois dos primeiros passos montanha acima, fui parada subitamente por um aviso com desenhos e palavras em japonês e em inglês, que terminavam com pontos de exclamação. Para ninguém errar. Cuidado com os ursos! Recentemente, alguns indivíduos foram vistos por aqui. Não faça a trilha sozinho! Mas hein? Como diria o Coalhada, dei ré. Rápido. Pluta que plariu! Logo aqui?! Desculpe. Cazzo! Desculpe de novo. Falei com os monges. Como eles respondem tudo meio rindo, não dá para saber da gravidade da situação. "Não, não, dá pra ir, dá pra ir. Leva um sino." Sino? Imaginei aqueles de campanário. "É para fazer barulho e o urso saber que você está por ali. Ah, e se por acaso encontrá-lo, olhe nos olhos dele, e ande de ré, devagar." Ah, tá.

Não convencida, escrevi para meu irmão e minha cunhada, ambos biólogos sabichões e experientes em trilhas. Veio a resposta. "Avisa o pessoal do templo onde é e que horas você vai. Assim, se você demorar, eles vão te buscar", disse meu irmão, achando que estava ajudando.

Vão buscar meus ossos, né, meu querido irmão!

CARTÃO DE EMBARQUE

A cunhada também não ajudou: "Não é prudente ir sozinha, ainda mais sem conhecer a trilha. Mas é uma oportunidade única. Eu iria".

Tá. Foi o que eu fiz, e gostaria muito, mas muito, que alguém estivesse filmando... ou não. Lembre-se de que aqui quase não se fala inglês. As informações foram trocadas no meu parco japonês, no inglês atropelado deles e com muita mímica. Chegamos à conclusão de que não era tão abunai (perigoso) e que, contra o GRRRLLAAUUU (sim, imitei um urso), o "dlin dlin dlin" era uma ótima tática.

Com meus megaguizos, as bolas de metal, resolvi encarar.
Iria precisar deles.

A trilha me levava ao topo do platô. O centro da flor de lótus que forma essa cadeia de montanhas. Para quem conhece Santa Catarina, as montanhas daqui têm aquela cor da serra do Rio do Rastro. Morros azuis escuros e verdes, cobertos de árvores.

Confesso que os primeiros trinta minutos foram tensos. Eu chacoalhava os guizos mais do que chocalho de escola de samba. Prestava atenção às partes molhadas no chão para ver se não tinha pegada de urso. Ficava de nariz, orelhas e olhos atentos para detectar o menor movimento entre árvores e arbustos. Não vi nada. Aliás, não vi nem passarinho. Devo ter espantado todo e qualquer bicho do caminho.
No meio da trilha tinha um altarzinho pra rezar.

E foi logo depois de ter pedido proteção divina, já descendo o morro, que comecei a ouvir barulhos de passos quebrando gravetos e folhas do chão.

Affff... Confiei nas minhas bolas e chacoalhei os guizos como uma cascavel louca. Mas eu estava curiosa. E segui pelo caminho devagar. Parava e ouvia, e seguia mais um pouco, chacoalhando. Será que é ele? Se for, deve ser menor, porque não faz muito barulho. Parei, e lá veio ele: um japonês todo vestido de preto com um microssininho na cintura, badalando aguda e pausadamente. Discreto como todo japonês. "No béro, my friend, no béro."

E lá fui eu, curtindo a trilha, com árvores tão diferentes daquelas com que eu estava acostumada, subindo e descendo escadinhas de raízes. O caminho parecia estar indo para um lugar diferente do que o mapa mostrava. Eu não tinha muita certeza de onde iria parar. Mas tenho todo o tempo do mundo. Qualquer coisa, pego um ônibus de volta. A chuva fina apertava quando cheguei no asfalto. E, ora, vejam só. Abri um sorriso largo. Terminei minha última aventura em Koyasan exatamente onde tinha começado a viagem: em um pequeno e discretíssimo altar, construído por uma monja, no século VII! Por causa dessa história, aquele foi o primeiro lugar que eu quis ver quando cheguei aqui. O altarzinho havia sido feito para que a divindade protegesse as peregrinas que faziam essas trilhas em busca de iluminação e ensinamentos, mas que não eram admitidas em Koyasan. Aquele era o limite. O início ou o fim da trilha que eu acabara de fazer. Comprei incensos, acendi as três velas apagadas que ali estavam. O altar seguiu escuro, com jeito de abandonado, mas acredito que seja desse jeito, porque até hoje essa pequena casinha escura atrai a atenção de mulheres como eu, nascidas em outro milênio, vindas de terras e culturas tão distantes, e que fazem questão de honrar e reverenciar quem protege as peregrinas e a monja Kosugi. Aquelas, sim, tinham guizos!

Curiosidades:

- Uma: aqui é o único país onde confiro na página de previsão meteorológica a possibilidade de ciclones.

- Outra: eles chamam capa de "capa" e poncho de "poncho". Será que algum guasca-samurai andou por aqui se engraçando com alguma gueixa?

- Mais outra: não se faz oferenda com comida preparada. Quando se vê a cenoura é pela cor; a flor, pelo cheiro; a vela, pela luz. Para seres invisíveis se oferecem prazeres invisíveis.

Tá ventando e chovendo pacas! Vou dormir.

KUMANO KODO, A RESIGNAÇÃO

Saí do quarto testando todos os degraus. Nada de dor. Fui pro café da manhã e encontrei a turma que também está fazendo o Kumano Kodo, só que em ritmo diferente, e todo mundo perguntou: "E o joelho?". Eles tinham me visto no jantar. Nessas peregrinações a lugares tão isolados, é comum que as pessoas durmam na mesma hospedaria.

À noite, confraternizamos e contamos nossas histórias. A minha era do joelho. Por isso, na manhã seguinte, o pessoal queria saber. Entre o sim e o não, escolhi o sim, vou encarar. O dono da hospedaria me deu um bastão para eu me apoiar quando precisasse. A fisioterapeuta inglesa me disse que era menisco e me deu ibuprofeno para tomar de quatro em quatro horas, e o médico e sua namorada me estimularam a ir. Eu estava feliz feito um coelho. Depois de ter passado a noite frustrada, achando que a aventura havia terminado, lá estava eu, de volta ao front.

"Pode ser que amanhã você não consiga andar direito", avisou a fisio, "mas só você pode tomar a decisão".

Tomei.

Comprei duas águas, botei na mochila e lá fui eu, feliz e contente com minha amiga Tamy. Só que, no caminho pro mato, comecei a sentir uma dorzinha ao tirar o pé do chão. Ai! E a coisa piorou bem quando a estrada começou a inclinar minimamente. Fiquei muda, enquanto os outros conversavam sobre a expectativa para aquele dia. Tentei pisar de várias formas diferentes, mas doía cada vez mais. Eu vi que não ia conseguir encarar sete horas de montanha e pedras escorregadias. Como quem tira um esparadrapo, rápido, parei e entreguei o meu bastão para a Tamy. Não vou conseguir, eu disse. "Jura? Tá doendo? Putz! Tem certeza? Quer que eu fique?" Antes de mais perguntas, me despedi e voltei mancando para o hotel. Minhas lágrimas jorravam para fora dos olhos. Eu não consegui me segurar. Desistir é um sentimento complicado pra mim. Mas faz parte. Alziras. Vou de ônibus até o ponto final e de lá caminho até a cachoeira mais alta do Japão, pensei. De olhos molhados, peguei o tíquete na roleta e encontrei três integrantes do grupo de canadenses que faziam o mesmo caminho.

Não estou sozinha, meno male.

Cada membro da turma que não conseguiu fazer a última parte do percurso a pé do Kumano Kodo, o Santiago de Compostela do Japão, tinha um motivo particular. O de Andrew, 75 anos, era o joelho. Esquerdo, assim como o meu. O de Clive, também 75, o coração. E o de Mayleen, 68, o cansaço.

Até aquele momento, nós só havíamos nos visto nas hospedarias e nos onsens, de onde chegávamos e saíamos para os dias intensos de trilhas. Eles faziam parte de um grande grupo de canadenses, sobre o qual vivíamos nos perguntando como aguentavam fazer aqueles percursos, ou se eles pegavam algum atalho. Agora estávamos no ônibus fazendo a maior parte do caminho sentados.

Com a sensação de derrota, percorri os primeiros quilômetros muda, triste, olhando a paisagem pela janela. Até que o natural foi acontecendo. Pergunta aqui, responde ali. O que houve com você, o nome da cidade para troca de ônibus é mesmo esse, o horário é aquele? E fomos nos conhecendo, com a solidariedade não só de quem teve que abrir mão do fim da aventura, mas de estrangeiros em terras estranhas. A conversa era boa. Perto da troca de ônibus, Mayleen perguntou: "Vocês querem mesmo pegar o próximo trem? Por que a gente não para na próxima cidade e toma um café?".

KUMANO KODO COM CERVEJA

E relativizou: "Ainda é cedo". Com a cabeça, fizemos um "Por que não?" e rumamos ao café. No segundo andar de uma casa velha, os moradores da região assistiam a uma partida de beisebol numa sala com quatro mesas. A dona nos mandou sentar e pedimos dois cafés, um americano e um "gurin" tea (green tea).

Nos apresentamos, coisa que não tínhamos feito até então, e a conversa rolou solta. Gente interessantíssima, que em nenhum momento me tratou como filhinha. Éramos aventureiros experimentando o Japão. O papo passou por filosofia, estilo de vida, experiências engraçadas. Mayleen era analista de dados sociais que mostravam para que lado ia o emprego no Canadá. Onde desenvolver, que negócios abriram, quais fecharam. Agora, aposentada, morava com o marido em uma área de reserva ao norte de Vancouver. Delicada, atenciosa e muito aberta. Clive era médico oncologista. Dava aulas em uma universidade. Era mais tímido, falava baixo. Extremamente surpreendente nas ideias. Andrew formou aquele grupo com Clive em 1971. É um grupo de corrida (alguns hoje só caminham) que viaja junto pelo mundo uma vez por ano. Já estiveram no Nepal, Mongólia, Índia, Afeganistão. Andrew estava achando estranho aquele domingo sem trabalho. Ele é pastor da igreja anglicana, casado e bem disposto.

A partir daquele momento viramos todos grandes parceiros. Minha sensação de derrota começou a ser substituída por algo diferente, e aquela desistência começava a fazer algum sentido. Juntos, nós quatro nos perdemos, pedimos informação fazendo mímica, rimos por não entendermos nada, fomos democráticos nas escolhas de ir por aqui ou por ali, aguentamos o solzaço na cabeça e experimentamos as deliciosas gentileza e generosidade japonesas ao sermos guiados para os lugares certos.

Estávamos enganados se achávamos que não iríamos caminhar. A decisão de ir a pé até os templos e a cachoeira foi dura. Subimos muito.

"O que será esse aviso aqui?", perguntaram Clive e Andrew, apontando para um cartaz com letras japonesas.

Eu respondi, apertando os olhos, depois de uma pequena pausa: tem cerveja gelada aqui em cima. Força!

Rimos, já bufando. Aquela montanha não parecia tão alta no mapa. Já era meio-dia e meia e, não só preocupada com o coração de Clive, mas também esbaforida pelo calor, sugeri à turma: quem sabe a gente aproveita essa loja ao lado do ponto de ônibus para sentar na sombra, comer nosso bentô e, depois, seguir em frente? Yes, good idea! Enquanto Mayleen e eu abríamos os nossos sanduichinhos de arroz, Clive e Andrew foram à loja. Dois minutos depois, o pastor anglicano me fez levantar a cabeça com uma pergunta: "Mariana, quer uma?". Era uma suada e gelada latinha de cerveja Kumano Kodo.

Eu olhei pra ele e abri o meu maior sorriso: olha a situação em que você me põe.

De manhã, eu havia dito que não tomaria álcool, e agora me vem um homem de Deus me oferecer cerveja.

Agradeci e abri a lata: é um sinal divino! Brindamos e tiramos uma foto para registrar o momento. A caminhada seguiu ladeira acima, alguns deles cortavam pequenas passagens e me encontravam em outros cantos. Mas consegui ver os templos no alto da montanha. Sofri muito para descer até a cachoeira e tive certeza absoluta de que tinha tomado a decisão certa ao desistir da última trilha. Juntos, Clive, Andrew, Mayleen e eu conseguimos terminar no ponto programado para o fim do Kumano Kodo. A cachoeira Nachi-no-Otaki, a mais alta do Japão.

Kampai celestial pra vocês!

LAVAGEM NO JAPÃO

O Japão, definitivamente, não me decepciona. A cada nova visita, tenho medo de que o encanto se quebre. Mas nem lasca. Só melhora.

O primeiro dia foi de matança de saudades. Sushi com cerveja Kirin gelada e conversas até não ter mais forças pra responder de tanto sono. Depois acordei trocada, com fuso confuso de sete horas, mas com o estímulo de estar no Japão e na casa de amigos que adoro e que vivem *lã* do outro lado do mundo. Isso. Com til e não com acento agudo, porque na minha terra o *lã* é muito mais longe do que o lá.

Pois bem. Eu nem imaginava, mas foi o dia de lavagem intra e extracorpórea. Queria ir a um bairro antigo. Fui, ciceroneada por três mulheres de peso. Minha amiga Tamy, a mãe dela, Keiko, e uma japonesa meio russa, de nome combinando: Mussa. Ela sabia tudo de Japão. Saímos do metrô e demos de cara com uma mistura de bloco de Carnaval e procissão. Estávamos no meio do Obon, festival de três dias para que os espíritos voltem à Terra e os japoneses celebrem os mortos.

O carro com tambores e flautinhas agudas era puxado por meninos e meninas, e a vizinhança jogava água no andor, onde, em vez de santa, tinha uma fênix, símbolo do principal templo do bairro. Estávamos sob 32 graus, então a água era muito mais que bem-vinda.

Na entrada do templo, rezamos brevemente, lavamos as mãos com a água que lava o Buda e passamos a fumaça de incenso no coração e na cabeça para nos livrar de maus sentimentos e pensamentos. O templo parecia pequeno, mas a cada tentativa minha de exploração dos corredores, chegávamos a uma nova sala com novos altares e budas. Foi no terceiro andar que uma cerimônia estava prestes a começar. Ficamos observando a grande sala com estrutura de madeira escura e painéis dourados e verdes. Decidimos acompanhar da porta, porque o ritual duraria mais de uma hora, e eu não estava só. Mussa explicou que rezariam pelos mortos, pelas crianças, pelos que se foram no terremoto, no tsunami, nos furacões, em acidentes aéreos... Ouvi com curiosidade de visitante.

Monges vestidos com seus hábitos mais formais acendiam dezenas de velas pela sala, deixando tudo ainda mais dourado, e as famílias se sentavam em bancos em volta de um altar. Os monges se enfileiraram. O sacerdote passou entre eles e se encaminhou ao centro do altar. Soou o gongo algumas vezes e todos começaram a rezar numa língua que eu não entendia, mas acho que meu coração, sim. Foi como um coice no peito. De pé, ali, de mãos juntas, chorei. Chorei sem rédeas. As lágrimas transbordavam dos olhos, meu queixo tremia sem controle e eu respirava fundo para não soluçar. Chorei pelo Alcinho, pelo Maurício... Chorei pelos meus amigos que se foram esse ano assim tão de repente e por quem não tive tempo nem espaço para chorar.

Deixei choverem as nuvens que eu nem sabia que estavam tão carregadas dentro de mim. Mas, antes de um possível tufão, botei os óculos escuros e me retirei. Saí quieta, sem saber direito o que pensar, o que sentir. Só mais mole, mais leve, mais vazia. Na saída, percorremos um corredor em cujas paredes e em cujo teto havia dez mil pequenos budas em caixas de cristal que iluminavam os olhos e a alma de qualquer um que por ali passasse.

Sem falar nada, segui minhas amigas pelas ruas e me senti bem depois de tanta chuva.

VIOLINO PERDIDO

Ceninha triste, anacrônica, hoje.

O trem diminui a velocidade, chega a uma estação, e a familinha russa começa num crescente desespero.

A mãe jovem de bochechas cor-de-rosa, um filho de seus sete anos e a filha de cinco procuram algo como perdigueiros. Debaixo dos bancos, no bagageiro.

De novo e de novo.
Caminham de um lado para o outro.

Ela vai falando russo cada vez mais alto e agudo, como quem diz "estava aqui". E as crianças, cada vez mais aflitas, ajudam na busca. Alguns passageiros se solidarizam e saem levantando casacos, olhando em cada canto. Entendi a palavra "schwarz" em alemão.

Sem saber ao certo, saí procurando algo preto do tamanho que ela mostrou com as mãos assim.

As portas do trem abrem e fecham.

O trem vai partir de novo.

Eles não têm mais tempo, o filho desce as escadas do vagão de olhos arregalados pra mãe num pequeno choramingo. A irmãzinha ainda sobe pra dar mais uma olhada.

O maquinista apita.

Numa última esperança, a mãe anota o telefone em um embrulho de pão da passageira ao lado.

Caso ela encontre o violino perdido.

MISSA

Acabo de ir à missa aqui em Perth, oeste da Austrália.
Lembrei da minha família em domingos de Páscoa, domingos de Ramos e, às vezes, no Natal. Independentemente da religiosidade de cada um, lembrei de quando todos morávamos juntos e encontrávamos tia Ice e tio Nenis, tio Fábio e tia Anna, vó e vô, e um monte de amigos do pai e da mãe na missa lá no Anchieta. Lembrei de, bem pequenininha, sempre pedir para comungar e de, pela primeira vez, receber uma resposta que remetia à minha própria honestidade na decisão. Mas, se eu for, o padre não tem como saber se eu já fiz a primeira comunhão. Não. Mas isso não se faz, porque tu não fizeste a primeira comunhão. E era isso. E quando a mãe não me levava pelas suas mãos quentes, eu ficava sentadinha, esperando, curiosa, querendo saber gosto e efeito, pedindo para abrirem a boca para eu ver dentro. Eu me lembro de me incomodar com a falação do padre, porque tinha uma hora que eu queria falar com Deus sozinha. Tinha o vô Gertum e a vó Adda, que já tinham morrido, e eu tinha recados pra dar. Eu gostava mesmo da parte de que eu podia participar. Era a hora de desejar "paz de Cristo" a amigos e estranhos. Meio envergonhada, espichava a mão e me sentia parte do mundo de gente grande. O pai, de braços cruzados, como o tio Nenis, acompanhava tudo bem sério, às vezes espichando a mão de dedos grossos para segurar na minha. Eu ficava de olho nos filhos de uns amigos deles que eu achava bonitinhos e espertos, mas que não eram tão malandros a ponto de deixarem de ir à missa com os pais.

Hoje, a missa foi numa igreja anglicana, rezada pelo arcebispo, então teve pompa e circunstância, além de um coral bonito e um baita órgão de fole. Rezaram pela paz, lembraram dos sírios e dos atentados. Comunguei. Me fez bem. Batia um vento frio lá no fundo da igreja, onde eu estava. Ao meu lado, tinha um guri de ascendência asiática de uns dezoito anos que devia fazer parte de um coral. Era bom ouvir ele cantar todos os hinos.

Paz pra todo mundo e boa Páscoa.

GRILOS NA AUSTRÁLIA

Não sei... Tem algo neste país, neste continente, que não se explica. Estou numa cabana no meio do nada, em McLaren Vale, uma região bem explorada por vinicultores, mas não tão famosa quanto Barossa Valley.

Ouço grilos, um cachorro ao longe e as ervas sendo arrancadas do chão pelas bocas macias dos dois cavalos que moram ao lado da minha cabana. É noite e acendo apenas uma vela na varanda. Com os pés sobre a mesa, escrevo e olho ao longe.

Me pergunto onde estão os aborígenes.

O vento sopra, trazendo o aroma de canela da vela que comprei em Melbourne. Sempre viajo com uma vela perfumada.
Já me hospedei em muito muquifo que se torna mais agradável com a ajuda delas.

Penso no didgeridoo, aquele instrumento de sopro aborígene que é quase mântrico. Adoraria ouvir um agora. Mas no lugar dele vêm os grilos. Não são grilos de histórias de criança.

A Austrália é forte.

Terra de cobras venenosas.
Dizem que aqui se concentram as piores do mundo.

Fecho a porta de tela para dormir mais tranquila.
Fui ver os cavalos. Se estivesse no Brasil ou na Europa, entraria nos potreiros, mas aqui... aqui é down under, e qualquer brincadeira boba pode acabar mal.

Vou até a cerca. Felizmente, um deles fica curioso.
Mas só o suficiente para me cheirar e entender que eu não sou a dona. Vai embora.

Frustrante.

Sou muito menina.

Me sinto pessoalmente deixada de lado e com ciúmes da dona dele. Sim, eu sei que não tenho razão e pareço maluca.

Olhar a noite aqui do terraço é ainda melhor que ver o dia daqui. A brisa fresca e renovadora da noite. Vou comer um quadradinho de chocolate amargo e dar um golinho num vinho florido que conheci hoje. **Boa noite.**

O ANTES

Não sei por quê, mas tem certas coisas que sempre me remetem ao passado. Os gritos dos corvos me fazem pensar em uma Europa do Norte, daqueles quadros do Brueghel. Antiga, sem luz, crua de povoados isolados e invernos rigorosos. Diferente dos corvos, as gaivotas, mesmo em cidades grandes holandesas ou nas escandinavas por onde passei, me remetem ao mar, vivo e muito presente.

Estou na Nova Zelândia, à beira de um lago, de frente para montanhas espetaculares que mudam de cor ao longo do dia. De manhã cedo, ouço os passarinhos e admiro durante horas o esplendor dessa paisagem. Me pergunto como era a vida de quem morava aqui antes. Indígenas? Não. Primeiro, vieram os polinésios (maoris); depois, os holandeses e então os ingleses. Mas quem morava aqui antes? Por que penso no passado quando vejo esses lugares? Não há quase registro dos que viveram aqui antes de 1300, quando os maoris chegaram de barco da Polinésia Francesa.

Quem morou nessas montanhas, andou na beira deste lago, ouvindo o passarinho que estou ouvindo agora, vendo tudo dourado?

NOVA ZELÂNDIA E A ESSÊNCIA

Nova Zelândia. Uma terra onde tudo é imenso. Inclusive o prazer. O prazer de olhar as imponentes formações rochosas esculpidas pra refletir na água. De admirar, diariamente, o dramático nascer e pôr do sol.

A água limpa, fresca e translúcida nos traz uma lembrança difícil de acreditar: já fizemos parte dessa natureza, assim, pura. Mas a água é gélida, e nós já fomos mais fortes. Já fomos também mais sutis ao identificar, na brisa nova, os sinais de chuva, como fez o meu cavalo, olhando para o horizonte muito antes de mim, de orelhas em pé e narinas abertas. Só então me virei e, depois de muito procurar, senti um leve respingo fino como agulha no meu rosto.

A Nova Zelândia, hoje cheia de mochileiros do mundo todo, é banhada pelos sonhos de gente que quer voltar ao passado, mas a um passado longínquo. Gente que quer sentir a descarga de adrenalina de outros tempos. No bungee jumping, no salto de paraquedas, na caminhada de quilômetros de estrada sob chuva ou sol, na superação do medo. Gente que vai se dar conta de que aquela paisagem que ela vê é a mesma há muitas civilizações.

Para aproveitar, vai ter que ter mais coragem e viver e sobreviver sozinho. Ser solitário e solidário. Ouvi de um rapaz de 25 anos: "Quando tenho dias de folga, vou para o deserto ou para o extremo oeste, onde não tem luz elétrica nem sinal de telefone. Maravilha!". Então sorriu, enquanto dirigia a van cheia de turistas.

Acho que, em níveis diferentes, toda essa gente busca, conscientemente ou não, seu lado primitivo. O indivíduo que viveu os desafios e belezas espetaculares dessa terra. Esse encontro rock'n'roll vai ser inevitável. Mesmo que seja momentâneo. Só espero que eles o identifiquem. Por experiência própria, é uma jornada maravilhosa de se repetir vida afora. **Eu comecei cedo e até hoje sempre visito meu lado primitivo.**

PARTE TRÊS

PRAZERES COTIDIANOS

BOM DIA

Tomo mate de manhã. Mesmo num dia frio como hoje, faço questão de abrir as janelas, deixar a brisa fresca percorrer a casa toda e trocar o ar velho da noite. Botei música boa do sul. Escolho as gaúchas e argentinas do Yamandu Costa. Visto casaco — se precisar — e meias quentes e me sento no terraço. Logo fico com vontade de falar com meu irmão, minha mãe, meu tio e por aí vai. Aquela charla calma e descompromissada. Charla sem problemas. Agora ouço Merceditas. Chego a ficar com olhos marejados ao me lembrar da figueira do meu tio. Figueira que sempre vi de baixo, aquela rede de galhos, braços largos cheios de passarinhos. Quanta coisa aquela figueira viu: minha família crescer, os natais, os que já se foram, os que nasceram e passaram de menino Jesus a pastor, depois rei "magro", até José, no presépio. Antes disso, viu aquele campo virar bairro aos poucos. Saudades. Acho que, depois, vou fazer uma limonada com estes limões-galegos. Tenho que ter cuidado com o dedo que talhei ontem.

Besos e buenas para quem acorda agora.

DELICADINHA

Enquanto tomo meu cappuccino numa mesa do lado de fora de um café, observo o comportamento de um pastor-alemão, raça que conheço muito bem. Isso significa que entendo melhor seus códigos e expressões, gostos e vontades.

Ela chegou com o dono no café. Acho que é uma fêmea. Deitou-se atrás da cadeira do dono. Tem bastante espaço. Pouca gente do lado de fora. Ele lê o jornal e de vez em quando põe a mão para trás.

Os dedos roçam as pontas das orelhas. Ela, de queixo no chão, aproveita o carinho levantando a cabeça, mas logo volta para a posição anterior.

Levanta-se e mete-se delicadamente entre a cadeira do dono e o outro assento ao lado. Sem empurrar nem cadeira nem dono. E aninha a cabeça ao lado do pé dele. Sem forçar. Com a lateral do rosto encostada no dono e o queixo sobre as patas cruzadas, suspira profundamente e relaxa de novo. Ela parece jovem. Dá pra ver que está acostumada a ficar entre pessoas. Não se importa com o cachorro do vizinho e tampouco com o cheiro de pães e bolos. Mas, como todo pastor-alemão, está ligada em tudo o que acontece em volta. Sem tirar o queixo do chão. Olha para cima quando alguém passa pela mesa. Vê o pombo que voa do outro lado. As duas senhoras que se encontram. E o amigo do dono, que chega para se sentar à mesa.

Coisa boa ficar olhando esse bichão.

Hora de ir embora.

Obviamente fui lá, como criança, "pedir para passar a mão". Ela levantou a cabeça e me olhou. Eu estiquei a palma da mão para ela cheirar. Ela encostou de leve o nariz na ponta do meu dedo. Então o dono disse: "Dites bonjour!".

Eu achei que ficaríamos nisso. Mas ela me cheirou mais uma vez e se aproximou para uma boa festinha na cabeça e fez carinho de volta, mostrando que a gente poderia ficar ali o tempo que eu quisesse.

Era mesmo uma fêmea.

Um ano e meio.

Me despedi e fui para casa contente, cheia de pelos no pulôver.

MANHÃ DE TEMPORAL

Manhã de temporal no domingo, a gente acorda já enxaguando tudo o que grudou na alma durante a semana.

Adoro.

Muito raio no fundo do mar. As gaivotas, que estão bem mais por dentro do tamanho da encrenca, voam pertinho da cidade e gargalham depois da trovoada. Aliás, trovão me dá uma sensação de acolhimento. Acho que é porque estou na toca.

Mas quando estava no mar eu também gostava.
Era como se visse o mundo lavando a roupa suja, esbravejando as coisas que teve que engolir.
Sei que não é comigo. É do mundo.

Espetacular.

Quando a coisa começou a engrossar lá fora, fui para a varanda olhar e apanhar um pouco de chuva.
Ainda de pijama. Voltei à cozinha e preparei um mate, bebida que combina com tempestades, assim como chá e vinho do Porto. São ótimos para beber enquanto se contempla o temporal.

Achei também que não era justo com meus temperos e a orquídea, que moram dentro de casa, ficar apenas olhando pra chuva, como se fosse um filme na televisão. Botei todo mundo na beira da janela e ainda segurei a pobre da orquídea do lado de fora, pra eu finalmente entender pra que é que servem aquelas folhas compridas: são como um funil. Todos tomaram água como se deve.

Agora a chuva acabou e os sinos da igreja começam a chamar pra missa.

BONS PRESENTINHOS

Fui a uma padaria atrás de um pão de figo com nozes que eu não deveria adorar, mas adoro. Aproveitei a manhã fresca, meio cinza, pedi um expresso e sentei à mesinha do lado de fora pra olhar a feira de rua.

Tem gente que não consegue entrar numa loja sem levar alguma coisa. Eu tenho isso com feiras. A da rua de cima da minha casa, que já é na França, é particularmente tentadora.

A rua é larga e calma. Ninguém grita, então você tem a tranquilidade de passear entre as bancas e cheirar e olhar flores diferentes das que eu costumava ver nas feiras do Rio de Janeiro. Os girassóis de diversos tamanhos, as tulipas de tons surpreendentes, as papoulas multicoloridas. Imaginar como se cozinha os diversos tipos de alcachofras, as abobrinhas, as flores de abobrinhas, as berinjelas de outro formato, mais redondas.

O medo que eu tinha de chegar perto dessas coisas que pareciam produtos só para iniciados, gente de uma categoria acima da minha nos saberes culinários, está passando.

Como um bicho ressabiado, estou começando a me aproximar.

Hoje, o italiano da banca me explicou a diferença entre os diversos tipos de tomate e cebola. Pelo menos cinco tipos diferentes de cada um tinha ali. Para salada? Esta? "Assolutamente", me disse. É mais doce, suave.
Só pela descrição, me deu vontade de comer ali mesmo.
Oito e meia da manhã: uma salada de cebola com tomate, por favor! Ainda que, dessa vez, não tenha comido, não duvidem de mim.

De volta ao café, pedi outro expresso. Não porque o desejasse de verdade, mas porque queria uma desculpa para sentar ali na calçada e ficar olhando o povo, a feira. Como não fumo, tomo café. Amargo, de gente grande. Sem açúcar nem adoçante.

Ao me sentar, vi que umas velhinhas elegantes que conversavam animadamente com outros velhinhos passantes sorriam ao apontar para o chão. Era um fofo de um passarinho com uma coloração linda, em cinza, branco e preto. Meio como uma orca, só que bem menor e com penas. Era magrinho, de bico comprido e fino. Mas era fofo, porque vinha ao redor das mesas pegar migalhas. Subiu na cadeira em frente à minha e ficou me olhando tomar o expresso. Não deu tempo de fotografar, porque o bicho não era insistente e destemido feito aqueles pombos-quasímodos de cidade grande.

Era um passarinho, mesmo. Daqueles de árvore e fio de luz. Coisa querida, como se diz na minha terra.

Quase tão querido quanto ele foi a velhinha.
Ao reparar que ela estava saindo com sua amiga de bengala, me levantei e puxei minha cadeira: por aqui é mais fácil.
Ela agradeceu a gentileza: "Ah, é verdade. Obrigada".

E, aí, com jeito de vó, botou a mão no meu braço ao passar.

"Querida, não estás com frio assim de manga curta?"

Ai, que bom!

Quem disse que todos os franceses são mal-humorados?

Essa era passarinho, não era pombo.

FEIRANTE EM MÔNACO

Vim à feira na Place d'Armes comprar coisas para um jantar. E a missão é complicada. Vai ser peixe. Nunca comprei peixe na feira. Peixe sempre veio pela mão do pescador amigo; portanto, fresco, com segurança. Em outro idioma, lá fui eu, sem muita certeza de qual seria o melhor peixe para minha receita ou de quantos quilos eu precisaria. Minha amiga disse que eu poderia confiar no vendedor. Fui tateando entre as bancas. Cedinho, ainda não tinha aquela muvuca que confunde as ideias de principiantes como eu.

Feira em Mônaco? É, ué! Quando se fala o nome deste país, muitas pessoas pensam que aqui só se compram cebolas Chanel, ovos Hermès e margaridas Valentino. Ou que talvez nem existam cebolas. Os pratos surgem nas mesas feito mágica, com muita purpurina. Não. Veja a realidade como ela é. Lembre-se de que aqui era um vilarejo de pescadores antes de a Grace Kelly vir pra cá.

Entre perfumes e cores incríveis de legumes, verduras, frutas e flores, achei o peixeiro. Ele não só me ajudou a escolher um peixe mais em conta, exato para o que eu queria fazer, como também me deu dicas para a receita. No fim, ganhei até uma piscadela do colega. "Bonne journée, madame." Adorei.

Além de tudo, na feira, não somos transparentes. Porque nas ruas do principado parece que só a Grace Kelly tem vez.

Semana que vem, venho de rímel.

PRAZERES COTIDIANOS

TAURINA

Depois de duas semanas de trabalhos forçados na academia, dieta ecocalórica bem controlada, tomando proteína até entre as refeições, tive um ataque. Comi uma cocada. E tomei uma Coca logo depois. Isso de pijama, antes de dormir. Onde eu consegui a cocada? Eu tinha feito, minutos antes. Com todas as luzes da casa já apagadas. **Essa eu acho que nem Deus perdoa, viu? O diabo vira as costas.**

GASTRONÔMICAS

Normalmente leio e ouço música quando fico de plantão na cozinha. Não gosto de deixar a panela sozinha por lá. Tem que ter alguém responsável por perto. **Fico, então, esperando a minha vitela se encontrar, se misturar, namorar, fazer tudo de bom com o molho, os legumes e o vinho dentro da cocotte.** Daqui a pouco eu paro com essa pouca-vergonha. Mas deixa eles se divertirem um pouco mais...

O BRIGADEIRO ERA CAJUZINHO

Nem sempre, quando se vai com muita sede ao pote, a água é fresca, ou mesmo é água o que tem lá dentro. Agora, no aeroporto, me aconteceu uma clássica.

Eu entrava no saguão e lá estavam três meninas em torno dos pais, como pintinhos. A menor delas, a mais angelical. Olhos azul--piscina, os cabelos enrolados quase brancos enfeitando o rosto cor de rosa. Tudo isso embalado em um vestido de joaninhas.

Ela sorriu coquete pra mim, enquanto os pais tentavam organizar malas, passaportes e o pequeno rebanho. Fui me aproximando sorridente, já que ela estava no meu caminho até o guichê da Lufthansa.

Quando eu estava quase lá, já me abaixando para chegar à altura dela, uma lufada de ar soprou na minha direção. O anjo tinha feito cocô nas fraldas. E pelo que detectei, ela se alimentava de urubus. Desviei rapidamente o meu percurso, acenando simpática e enjoada pra moça das joaninhas que continuava sorrindo. **Acho que ela sabia de tudo desde o princípio.**

ALMOÇO

Colhi figos no jardim. Recheei com bolinhas de gorgonzola. Depois, enrolei o casal num lençol de jamón ibérico (presunto cru). Foi bom o tempo que dediquei aos detalhes e à imaginação durante esse processo. Ouvi "Que reste-t-il de nous amours"... Empurrei a forma cinco minutos no forno ardendo de quente. Depois, escondi tudo numa floresta de rúculas. Para continuar, meu amigo Stefano fez nero di seppia, um espaguete espetacular com tinta de lula. Tudo comprado nas primeiras horas da manhã no mercado da praça de Saint-Tropez, que sempre serviu aos aldeões antes mesmo de aquilo virar o glamuroso vilarejo de Brigitte Bardot. Tava bom. Fiz pudim de maracujá de sobremesa. Tá. Parei. **Voooolareee, uooooo... Cantaaareee, uoooo...**

DECAPITAÇÃO

Comi uma cabeça de galinha hoje. Ganhei a bichinha inteira. Arranquei a cabeça com os dentes e fiquei segurando o corpo enquanto mastigava e triturava as partes duras e crocantes, até que tudo foi derretendo e se transformando em algo palatável e "engolível". Foi bom, mas fiquei sem fome para comer o resto. Aqui na França, além de coelhos, as pessoas também se presenteiam com galinhas de chocolate na Páscoa.

A SAGA DA PANQUECA

Alguém aí tem a receita da panqueca lá de casa?

Isso era no grupo de WhatsApp da família e lá em casa pra nós nunca é nossas atuais casas, mas a casa onde crescemos. As instruções surgiram quase de imediato e com referência homologada: é a da tia Verinha.

Beleuza.

Quase instantaneamente, comecei o processo simplérrimo de botar tudo junto no liquidificador e bater por dois minutos.

Frigideira quente e eu alimentando a minha fome com saudades de casa. Ela seria regiamente aniquilada com aquelas panquecas que me pegavam no colo desde a época em que eu chegava do colégio como um javali órfão.

Comecei mal, mas eu sabia que a primeira... nunca sai boa, me avisou meu irmão.

Até que tava bonita, mas só serviria pra jogar de um lado para o outro com os amigos numa praia da Califórnia. Grossa. Pesada. Mas com boa aerodinâmica.

E aí é que a coisa foi azedando.

Fiz fina, mas ela não ficava redonda, e não dava tempo de espalhar...
A família dando força com palavras de incentivo a cada foto publicada no grupo.
Põe a massa no meio e gira a frigideira.
Girei... cada vez pior.
Talvez devesse ter posto água em vez de leite.

Mais uma...
Quem sabe deixa a massa descansar.

Tentei botar de um lado da panela e escorrer para o outro.
O líquido avançava irregular, desistindo pelo caminho, abrindo pequenos córregos até secar. Me lembrei das formas do Miró.
Será que ele fazia panquecas em Barcelona?
Numa sanha danada, fui insistindo quase febril atrás da panqueca perfeita ou, pelo menos, parecida por alto com aquela da tia Verinha. Meu padrão de exigência já tinha baixado.
E mais uma. E outra. Agora vai. Mesmo erro. Não estou conseguindo mais pensar.
E tentei até acabar a massa num retumbante fracasso.

Como saldo final, comi cerca de dez panquecas ruins, e num acesso de fúria e frustração, ainda fui capaz de botar leite condensado sobre as últimas duas.

CENTAURO

Andei muito tempo sem escrever. Teve pane no computador, pane no cérebro e um pouco no coração também. Tinha muita coisa acontecendo e não dava tempo de olhar pra dentro. Só pra fora. E resolve e corre e faz e liga e desfaz e volta, e o avião e o táxi, a mala... Vou te dizer! Para a pessoa — no caso, eu mesma —, ser megaeficiente na própria vida, não dá para ficar pensando, imaginando. Ou teoriza ou faz.

Por isso, esta semana, aproveitei uma conjunção de fatores e resolvi me libertar de algumas obrigações e ser incompetente em alguns afazeres. Fiquei uma semana meio sozinha e fui vivendo.

Quando eu vi, estava, de novo, querendo contar pequenas coisas e ideias que me passavam pela cabeça. Como o prazer da convivência intensa com um cavalo que agora chamo de meu, embora não seja. Há dez dias que monto, sem faltar nenhuma manhã sequer. E comecei a observar: sempre vou de um jeito e volto de outro. Todos os dias. Pela mesma estrada, no mesmo carro, durante o mesmo tempo. Quando vou, estou de um jeito. Quando volto, de outro.

PRAZERES COTIDIANOS

As mudanças são claras. Vou fresca, recém-acordada, mas ainda com os pensamentos do dia anterior, com as preocupações que deixam meu coração batendo pequeno e apertado. Às vezes, impaciente, mais acelerada na estrada. Vou ouvindo as notícias em francês e depois em italiano. Olho o relógio. Os pensamentos voltam em loop. Acabo sempre chegando dez ou quinze minutos antes. Volto com a camisa molhada nas costas, suada, descabelada, com a musculatura cansada, com cheiro de cavalo, pelos nas perneiras e no culote. Volto de coração pleno, calmo. Respiro lenta e profundamente enquanto dirijo e penso no que vou fazer no dia que ainda está começando. Da estrada, olho o mar. Não tenho pressa. Sei que estou no tempo. Tenho vontade de almoçar coisas que me façam bem. De sentar na minha sala e trabalhar, organizar o dia. O coração volta ao tamanho normal, e o oxigênio dá uma liberada nas ideias.

Montar não é novidade. Desde pequenininha, sempre gostei. Sempre que pude, me aventurei. Mas nunca desse jeito, com essa intensidade. Todos os dias, durante uma hora, aprendo, me esforço. Tento entender aquele bicho e corresponder às expectativas dele, que é experiente em salto e não está acostumado com gaudérias puxando sua boca de forma brusca ou batendo na sua barriga com força. E dá-lhe quadril e rédea! Nada disso. Esse cavalo deve ser regido por mim, apenas com os dois últimos dedos das mãos. O minguinho e o seu vizinho. Se quero acelerar, é só a minha barriga da perna pressionar a barriga dele. No trote, ninguém pula e cai duro no lombo desse bicho. É preciso encontrar o ritmo certinho do passo, de quando ele abaixa e levanta, e não deixar qualquer espaço entre a sela e eu. Sei que meu avô montava assim, campo afora. Sem sair da sela. Eu suo muito. Me dei conta de que respiro no ritmo do animal durante o galope. Pocotó, pocotó, respira, respira. Rédea, quadril. Tem que ter muita força nas pernas, o quadril solto e uma nova noção de equilíbrio. E quando se consegue tudo isso e se relaxa,

a mágica acontece. Viramos um centauro. Por minutos, somos
um só. Exatamente no mesmo ritmo, no mesmo corpo, todas
as nossas articulações flexionando em harmonia. As dele com
as minhas. Tudo leve, tudo no lugar. Hoje consegui olhar
pro céu enquanto galopava...

Depois da aula, eu escovo o cavalo, dou banho nele.
Quando tiro o freio, ele esfrega a cabeça nas minhas costas.
Eu coço as bochechas e atrás das orelhas. As dele. Eu sei que ele
gosta. Não tenho mais medo de patas. Sempre ouvi: não passa
atrás do cavalo, guria. Deste, eu passo atrás e embaixo. Como
um cachorrinho, aquele vasto animal levanta a pata quando
eu toco no seu tornozelo e peço. Deixa eu ver. Ele leva seus
quatrocentos quilos pro lado pra que eu, agachada, segure sua
mão dobradinha e limpe os cascos. Isso. Pata virou mão e pé.

**Quando vou de um lado para o outro, por baixo
do pescoço dele ou pela sua frente, ele me dá uns
beijinhos com aquele beiço de veludo cinza.**

De volta em casa, retomei a vida e até comprei remédio
pra matar cupim...

   ⋅●

Lição: cavalos não são ursinhos de pelúcia. Fiz as pazes com
meu amigo mordedor, que na verdade estava mais animado com o
feno novo do que com a minha visita. Não o culpo. A minha égua, em
compensação, me deu uma aula de mau comportamento. Depois de
quatro dias sem trabalhar, ela e seu cio recém-chegado estavam a mil
naquela manhã de vento forte, folhas voando, barulhos e cheiros. Pulou
feito uma cabrita louca. Reclamou de tudo. Bateu pé. Correu de orelhas
pra trás e rabo agitado, brigou com a égua vizinha, que também estava

no cio, e me fez suar a camisa, literalmente. Apesar de tudo, não caí. Aprendi a manter a calma, a insistir quando ela resiste. Ainda estou aprendendo a negociar o domínio com ela neste estado de TPM.

Mas essa é uma missão difícil para todos que convivem com fêmeas, não é verdade? O professor teve que pegá-la um pouco pra uma conversa mais dura. Muito longe daquele cavalinho de quem eu morria de pena de cansar no trote, a moça hoje estava toda cheia de si e de "ninguém manda em mim". Acabamos mandando. Quando estávamos as duas exaustas, ela se emendou. Não totalmente, mas já o suficiente. Acabamos a manhã caminhando lado a lado pra respirar e secar o suor. No ursinho, my friend. **Achei bom. Agora estamos mais de igual pra igual.**

Hoje, fui montar imbuída de coragem e paciência. Depois da batalha campal estabelecida por Lucy em nosso último encontro, eu não sabia o que iria enfrentar. Usei uma meia em homenagem à "moça". Dizia "Você não manda em mim" e tinha o desenho de uma menina e um cavalo. O cio continuava e ela seguia agitada, mas passeou bem na corda, mesmo depois de alguns pulos. Falei com ela o tempo todo. Resolvi encarar. Com muita paciência e sensibilidade para detectar qualquer alteração de humor, fui levando num ritmo tranquilo. Ela se assustava até com o reflexo do meu relógio na areia. No fim, conseguimos fazer tudo. Passo, trote, galope e carinho de olhinho fechado no fim. Aproveitei o astral e já fiz as pazes com o mordedor, como se deve, e namorei os outros cavalos que estavam sozinhos em suas baias nessa manhã. Nada como um dia após o outro.

Beijos no focinho.

SAMBA NO CONTRAPÉ

Caí do cavalo.

Tava no fim da aula, já cansada. Foi uma queda em câmera lenta, totalmente ridícula, em ritmo de trote, sem estribo. Trote sem estribo, pra mim, é mais ou menos como sambar junto depois de seis copos de cerveja. Você vai indo meio de carona, ali no embalo da coisa, na passada do companheiro. Quando encaixa bem, vocês dois são um só, brilhando no meio do salão, mas basta uma atravessada de ritmo para a coisa desandar de um jeito que, às vezes, não tem remendo.

O soneto já era.

O resultado é o seu par correndo sozinho pra longe de você. Não me magoei. A culpa foi minha.

Comigo ficou só a areia nos fundilhos, mas sigo com vontade de dançar.

BOTAS AMARELAS

Uma superamiga, que há muitos anos me apelidou de Coelho por causa de uma imitação que eu fiz com orelhas de folhas de árvore numa manhã boba dessas, me mandou a foto de umas botas com cara de pato de desenho animado. Frequentemente, vemos coisas na vida que nos fazem lembrar uma da outra e, graças às facilidades tecnológicas digitais, podemos compartilhá-las quase que instantaneamente.

Hoje de manhã, foram as botas amarelas, com olhos grandes desenhados e um belo bico laranja, em pés adultos, de pernas cruzadas. Me diverti ao me imaginar em uma situação dessas em que o jornalismo eventualmente me mete.

Estou no meio da rua com amigos ou realizando a cobertura de um evento esportivo quando preciso correr para algo urgente e muito sério. De botas!

Comecei a tentar listar as figuras internacionais com quem me sentiria totalmente envergonhada de estar usando os patos para entrevistar, na chuva, no meio da rua, cercada de guarda-costas. Então, foi sendo riscada do caderninho uma por uma. Continuei tentando. Pensei em políticos, gente austera, presidentes, primeiros-ministros, chanceleres, presidentes de entidades, grandes empresas... E fui me dando conta de que quase não há mais aquela distância formal, de persona intocável.

Políticos? Há tantos envolvidos em escândalos ou com a reputação questionável. Quem poderia me julgar por causa das minhas botas de chuva? Vladimir Putin, andando a cavalo de torso nu e sendo timidamente acusado do envenenamento de seus adversários? A formal Angela Merkel, que frequentava praias de nudismo nos anos 1970? Nada contra, aliás, só a favor. Mas ela não pode falar das botas, concorda?

O presidente da FIFA? Não. E o Papa? O Papa Francisco é tão gente boa que não daria a mínima para as minhas botas. Ele abraça todo mundo, quebra paradigmas centenários, totalmente avesso à ostentação. Minha avó? Daria boas risadas. Não gostaria dos calçados, mas riria deles (e de mim). Quem sabe um grande intelectual, um velho escritor, um maestro, um ator shakespeariano? Gente das artes dificilmente se incomodaria com sapatos.

Está certo. Botas de pato não são exatamente adequadas para usar no trabalho. Acho que devemos nos vestir com respeito para entrevistar quem quer que seja.

Achei! A rainha da Inglaterra! Ela julgaria minha escolha fashion. Apesar de que, sinceramente, acho difícil que ela olhasse para os meus pés. Eu é que olharia para os dela. E se ela tivesse joanete, seria a minha absolvição.

Do Palácio de Buckingham, Coelho, para o Jornal Nacional.

PRENDE CABELOS

Prende cabelos, mas não ideias. Apesar de que meus pensamentos mais desvairados surgem em dias de cabelos soltos em ventania...

DESOPILAR: DESOBSTRUIR, ALIVIAR

Desopilar. Cada um tem o seu jeito.
O importante é que se faça.

Não se trata de resolver o problema, ou os problemas. Tampouco de eliminar, pulverizar, aniquilar, desintegrar a causa da sua altercação interna.

Trata-se de si mesmo.
Do interno.

O externo, nesse momento, que se dane.

O exercício começa assim: botar o problema em modo sleep por alguns instantes. Depois, a parte mais interessante: a ação.

No meu caso, planejada.

Tem gente que não planeja, sai gritando, chorando, comendo. Milagrosamente, eu fiz diferente. Dessa vez.

PRAZERES COTIDIANOS

Eu tinha o dia seguinte livre e iria para o alto de uma montanha nevada. Até as três da manhã, selecionei e montei uma trilha sonora para me atirar de esqui montanha abaixo,
sob temperaturas negativas.

Lá em cima, com uma vista incrível, arrumei os óculos, ajustei o capacete e as luvas e acertei o volume do som.

Tchanam!

Comecei o processo de desopilação e dei adeus até a mim mesma. Os pensamentos iam sendo abandonados todos a cada metro
de descida.

Como uma bárbara louca, de armadura sem manga e cabelos
ao vento, voei pelas encostas.

Ouvi Wagner (não Fagner), Queen com Bowie em "Under Pressure", The Cult, "La Tempesta di Mare" e "L'Inverno", do Vivaldi,
"Rebel Yell", do Dope, Sepultura...

Caí três vezes, claro.

A primeira queda foi culpa de um montinho de neve que eu não vi. A segunda foi um escorregão em uma camada de gelo sobre a pista. E a terceira, uma tentativa animada de salto que acabou em uma parte da pele da minha canela arrancada, muita neve dentro das calças e uma fita de delimitação de pista enrolada no pescoço.

Desopilei.

Os problemas seguem e serão resolvidos, mas eu estou desopilada. E depilada, na canela.

URSULA OU VIKING

Desde que vi o "veinho" ontem, o único ser humano no mar, tô com o pé que é um leque pra entrar na água. Explicação para não gaúchos: "pé que é um leque" é uma expressão que se usa quando a pessoa está louca pra dançar. No meu caso, louca pra entrar no mar.

É outono aqui na Europa. Frio: 6, 7 graus. Mas o "véio" tava lá, me desafiando. Sem nem saber que eu existo.

Ah! Côsa boa! Chegar bem encasacada, tirar tudo, enfrentar o frio e me atirar na água. Aquela enxurrada de sangue em corredeiras pelo corpo. Rafting na adrenalina. Nadadão pra esquentar, até a respiração cadenciar de novo. E sair do mar me sentindo a Ursula Andress, a mais icônica Bond girl, com biquíni branco e faca amarrada na cintura. Só que ela estava no Caribe. E eu não tenho biquíni branco. Também não estou precisando de faca. Esquece a Ursula.

Ainda com coragem extrema, entraria debaixo do chuveiro da praia para tirar o sal e me secaria freneticamente, para depois me vestir. Tudo sequinho, quentinho, até o último casaco de capuz.

Que lustre na coragem! Que polida na autoconfiança! Que... Atchim! Atchim! ATCHUUUO!

Nariz grande, olhos ardendo, um pouco de dor de cabeça e ouvido, garganta arranhando. Mas tudo um pouco. Nada muito. Acho que esse banho vai me dar uma injeção de saúde. Lavar os micróbios. Avisá-los para dar meia-volta e tomar o caminho de casa.

A ideia não foi bem recebida aqui em casa. Mas só minha irmã, que mora em Copenhague e é casada com um dinamarquês, poderia dar a palavra final. Não só ela conhece bem esses meus ímpetos, como, muitas vezes, partilha-os comigo.

"Queria dar um mergulho no mar, amanhã, tu achas que pioro?"

"Sim."

"??????" (Sim, mandei todos esses pontos de interrogação.)

"O teu corpo precisa descansar."

"Pensei em ir bem agasalhada, dar um susto nos micróbios, sair da água, me agasalhar bem agasalhada pra ficar quentinha e voltar."

"Não, Mari."

"Mas e os dinamarqueses? E os vikings?"

"Vikings gripados não entram no mar."

...

"Tá."

BEYONCÉ

Não era exatamente o dia que eu escolheria para ir a um show, mas o ingresso estava comprado e era a Beyoncé. Quem diz não à Beyoncé? O Jay-Z disse e se arrependeu amargamente. Mas isso é outra história.

Assim como assisti de perto a Tina Turner, a mulher mais mulher que eu já vi no palco em toda a minha vida, eu tinha que ver a representante da nova geração da música. Poderosa, linda, criativa, corajosa e sexy, Beyoncé parece ser a versão de palco do que todas as meninas andam querendo ser hoje em dia.

O público era 85% feminino. Eu nunca tinha ido a um estádio com um público assim. Não só repleto de mulheres, mas muito feminino. Tenho certeza de que todas elas, ao saírem de casa, deram algum toque extremamente feminino no visual. Maior do que se estivessem indo a qualquer outro show. E quem não deu esse toque antes, vi ajeitar os cabelos ou pedir um batom vermelho emprestado lá mesmo, no estádio. O encontro era pra celebrar o feminino.

Sobre o show? Eu esperava mais Beyoncé e menos participações do rapper e marido Jay-Z. Aliás, apesar de o nome do casal estar bem grande no ingresso, no fundo, acho que ninguém estava muito a fim dele ali, a não ser a própria Beyoncé. Produção feérica, figurinos incríveis, palavras como "feminismo" acendendo no telão e declarações de amor entre o casal que superou a traição do marido, com um beijo dos dois no final.

Achei meio Nutella. Tina é mais roots. E eu gosto de Nutella, viu? Só não preciso comer o pote inteiro às colheradas. Mas quando era adolescente, como as minhas vizinhas de cadeira, virava sem dó uma lata de Leite Moça.

Poderosa Beyoncé, gostosas calorias a serem digeridas e gastas dançando de batom vermelho, sem culpa.

Gostei.

DUAS HORAS E MEIA DE PAZ

Um concerto de música clássica é uma bolha no cotidiano.

Do lado de fora, as mortes estúpidas, a ignorância violenta, os embates pelo simples exercício da agressão, violência no elevador e na política. A moça furando a fila, o som estridente do vídeo do celular do vizinho invadindo a minha conversa, interrompendo a leitura, acabando com o prazer de contemplar a paisagem.

De repente, tudo é calmo, silencioso. A temperatura é a mesma da minha pele. Percebo os estalos das cadeiras, o murmúrio dos que chegam. A afinação dos instrumentos já soa como música. E antes mesmo da primeira peça de Debussy, consigo ouvir a respiração do palco.

Cerca de duzentos músicos da orquestra filarmônica e do coral irão me transportar para outra dimensão com mais eficácia que qualquer óculos de realidade virtual.

E todos nós, como num pacto tácito, nos despedimos do mundo exterior. Por duas horas e meia, adeus ao celular. Não se manda mensagem de voz, não se lê WhatsApp, nem Facebook, nem Instagram, não se sabe das notícias, não se faz selfie, nem responde e-mail ou recebe telefonemas. **Quem quiser falar comigo e com todo mundo aqui vai ter que esperar passarem os momentos de prazer que o bilhete desta noite nos oferece. Duas horas e meia.**

Arcamos com as consequências de ficar esse período fora do mundo.

Rapidamente, as harpas não são mais harpas, mas ninfas que fazem reverberar a água de um lago. As páginas das partituras dos cantores viram folhas caindo das árvores numa lufada de ar da primavera. Todos juntos, mas não exatos. A flauta transversa, de repente, se revela, surgindo de dentro de um acorde de violinos, clarinetes, metais e vozes. Sobra só ela, como um coelho branco, saindo sozinho da cartola sobre a mesa.

O pianista convidado é um russo grande, de franja comprida, meio descabelado, amarrotado e com jeito tímido. Nota-se nos agradecimentos. Mas ao tocar, ele parece ter vinte dedos em cada mão. Ora são dois ramalhetes de flores do campo sobre o teclado, ora martelos precisos em acordes audaciosos.

Quanta gente mora ali dentro dele?
Devaneio e fico imaginando como ele deve ser em casa, com a mulher.

Atrás dos tímpanos e tambores, o músico de fraque parece um barman esperando o pedido do maestro japonês.

Uma moça com um lindo vestido longo negro se levanta para poucos e únicos toques de mágica do triângulo.

E lá no fundo, na última fila, surpreendo-me com um cantor protegendo os próprios tímpanos quando o tímpano soa.

Coitado.
Está na profissão errada.

Mas não há como segurar Ravel, que vem num crescendo, trazendo todos os instrumentos e vozes juntos como alguém que, segurando o ar, está prestes a chegar à superfície do mar.

Ao fim, me ponho de pé e aplaudo até doerem as mãos.
Me surpreendo com a horda de gente que, mal termina esse banquete, se levanta e sai da mesa, sem sequer agradecer ao anfitrião, ao chefe de cozinha. Saem como quem empurra o prato depois de comer. Como quem vai ao drive thru. Sei lá. Deve ser a pressa de voltar para tudo aquilo que deixamos lá fora. Ou se esqueceram de que o prazer foi proporcionado pelo outro com anos de estudo e amor, e não por uma tecla play.

O que conforta é saber que ainda conseguimos e, principalmente, queremos ficar isolados, em paz por duas horas e meia.

Da Emma é um restaurante italiano em Montreal que funciona há 28 anos no porão de uma antiga prisão feminina. Emma, 78 anos, é quem pilota o fogão todas as noites. Só fala italiano. Fui à cozinha agradecer e fui beijada, abraçada, afofada, tive as bochechas beliscadas e a testa benzida. Era a primeira vez que ela me via. Me levou pela mão para ver as panelas. **Ô, coisa bem boa esse povo italiano!**

QUANDO A GENTE MENOS ESPERA

Há pessoas que a gente encontra e que poderiam passar despercebidas, perdidas entre as nuvens do mau-humor ou da tristeza, da pressa. No entanto, ainda que a gente esteja sem ânimo, acho que vale a pena dar uma chance à vida.

É só se dar um tempo.

Entrei em um salão de beleza numa ruazinha em Montreal. Na sorte. O lugar era meio esquisito.

Tinha uma decoração com um quê sadomasô.
A primeira moça que me atendeu parecia meio desconectada de tudo. Não sei explicar direito. Se existisse essa expressão, eu diria que era uma pessoa interrompida, sem continuidade. Ela parecia um código morse. As ideias eram interrompidas constantemente. Fiz massagem com ela porque estava com a perna muito inchada da viagem. Os movimentos e a energia dela também eram interrompidos.
Ela começava a massagear o ombro, então pulava pros dedos da mão e pegava o minguinho de um jeito meio torto, depois voltava pro braço. Não pegava a musculatura com precisão e fluidez. Me disse que tinha sido nadadora. Imagino o estilo. Golfinho espástico. Borboleta confusa. Peito aerossubmerso. Se ela andasse como pensa, daria uns pulos, mudando de direção a todo momento.

Mas alguma hora chegaria ao destino final. Assim como eu cheguei ao fim da massagem. Mais esquisita do que quando entrei, confesso. Com o metrônomo totalmente descompassado.

A ideia era fazer as unhas logo a seguir. Aquele era o horário que eu tinha, e não dava pra sair procurando outro lugar por ali. Pensei em desistir. Fiquei imaginando o estado dos meus dedinhos com a manicure código morse. Sairia com uma unha pintada e outra não.

Então, quando eu ia pagar, a recepcionista disse: "Quem vai te pintar é a fulana, que é muito melhor do que eu e é uma artista em pintura". A fulana era uma mulher de meia-idade, gorducha, compacta, cabelos descoloridos e sobrancelhas sem pelos, porém desenhadas com lápis marrom. A boca era tensa, fina.
Um traço que se abriu minimamente para dizer:
"Sou melhor não só na pintura, mas na manicure toda. Oigalê!"

Então, vamos lá. Tu é braba, mas é peituda, como se diz nas coxilhas na minha terra.

Senti firmeza.

Sem conversa, ela foi fazendo um trabalho realmente primoroso. Um cabeleireiro afetado e verborrágico veio puxar assunto. Fiz um esforço sobre-humano para manter o papinho mole. Até que ela falou baixo para o lado algo que eu não entendi, e ele saiu imediatamente: "Ela me mandou sair porque quando você conversa, você se mexe. E pode estragar o trabalho". Oigalê! Ela é braba, mas é boa, tchê! Fiquei quieta, então... graças a Deus. E depois de respirar alguns minutos sem aquela conversinha mole e a "Interrompida" me oferecendo vinho e querendo saber do sol, da lua e dos meus cabelos, pude descansar. Ficar em paz.

Olhei com calma. o vermelho sendo espalhado meticulosamente pelas minhas unhas. Ficamos as duas em silêncio, respeitando o espaço uma da outra. Eu e a senhora braba. Não tenho medo de gente que rosna à toa assim. Tenho medo dos dissimulados.

Acabei descobrindo que ela tinha morado na Argentina e adorava empanadas e bifes de chorizo. Era ucraniana e tinha uma visão muito particular do que andava acontecendo por lá.

Contou que, com a independência dos países da região, veio a secção da economia, e eles ficaram muito pobres e abandonados. Um pouco em inglês, francês e espanhol, ela disse que, na Ucrânia, era engenheira. Engenheira especializada em projetar equipamentos hospitalares de diagnóstico. Nos olhamos surpresas. Surpresas com o andar louco da vida. E, além de tudo isso, ela me descreveu minuciosamente a receita de uma borscht ucraniana, uma das sopas que mais amo no mundo. De beterraba e muito mais. A versão dela demora três horas para ficar pronta. Então combinamos que ela vai fazer uma borscht pra mim na próxima vez que eu for a Montreal. Combinado sério, com aperto de mão e número de telefone. Em dezembro temos um encontro marcado. Natalie e eu. **Vale o esforço.**

ESQUECIMENTOS DELICADOS

Coisas de gente delicada: ter lencinhos na bolsa.
Eu sempre esqueço. Até em velório. Aliás, esqueço a bolsa também: em casa de amigos e restaurantes. Se não estiver frio lá fora, o casaco sempre fica na festa. Se juntar tudo o que já deixei em hotéis, daria pra refazer o guarda-roupa. Inverno, verão, maquiada e perfumada.

Não foram poucas as ocasiões em que fui a cliente ideal. Pago o produto e vou embora sem levá-lo comigo. Deixar o carro na faculdade e voltar de ônibus já rolou também. Na minha formatura, beijei e abracei meus professores queridos, o diretor e o reitor e deixei o canudo lá na mão deles. Mariana, o diploma! Voltei. Senhora, as compras! Voltei. Seu guarda-chuva ficou aqui. Voltei. Seus presentes de aniversário ficaram no banco de trás. Voltei.

Menina, não vai deixar as lágrimas rolando rosto abaixo assim, no vento. Olha o lencinho. Voltei. Ô delicadeza, essa.

RESGATE DO PESADELO

Acordei de um pesadelo no meio de uma guerra. Um milhão de sentimentos, pensamentos e aflições traçando o ar em rajadas. De um lado a outro. Um fuzilamento de perguntas sem tempo de resposta. Granadas explodem, fazendo uma poeira espessa que mal me deixa enxergar e respirar. Respostas e perguntas desencontradas zunem, tiram fino da minha cabeça e do meu peito. E eu, numa aflição para sobreviver e entender tudo aquilo. Desperto, mas ainda embebida naquele outro mundo. Parece que foi tudo ao mesmo tempo.

Num quase pânico, troco de roupa e corro para o meu bunker particular.

Um café na feira da rua de trás.

Guitarra flamenca em um ouvido, pra acalmar, e no outro o mundo normal. As uvas estão estalando de maduras. Encontros e sorrisos entre os frequentadores das bancas vão apaziguando meu coração e os pulmões desritmados.

Bonjour a desconhecidos. Frutas coloridas. Flores frescas.

Tem uma cordialidade que o sol da manhã traz aos que saem de casa pela primeira vez depois de uma noite em outro mundo. Aos poucos, vou deixando o cotidiano me puxar de volta, bem devagarinho. Que nem se faz com a pipa agitada no vento. De pouquinho em pouquinho, vai enrolando o barbante. De centímetro em centímetro, vai encurtando o cabresto da potra desembestada, assustada por cobra, barulho forte. Nem sabe o que é, mas vamos trazer tudo pra casa.

Devagarinho.
Onde ninguém se machuca.
Pra acalmar.

Depois, aos pouquinhos, a gente vê.

Conta os milhos, o feijão, e vai tirando as pedras.
Agora consigo cumprimentar a velhinha florista por quem passei reto ainda aflita na chegada.

Férias longas, madame! "Nem tanto", diz ela sorrindo,
surpresa por eu ter notado sua ausência nos últimos dias.

Volto pra casa.

Foto de família na frente da igreja.
Dia de batizado de uma bolinha de gente toda de branco.
Voltei.

LUA SOBRE A MONTANHA

A presença imensa e silenciosa da montanha nevada sob a lua cheia é de uma beleza incomparável e muito nova pra nós, brasileiros, tão acostumados com o vasto e espetacular oceano. É como se ela estivesse ali, à espreita. Uma presença inegável, grandiosa e imponente da natureza em comparação às nossas vidinhas, probleminhas, prazerezinhos, questõezinhas... Tudo tão ínfimo. A montanha de rochas profundas, estrutura milenar e invulnerável. A neve gélida e implacável que tudo engole, o frio cortante que tudo congela e paralisa. A vida que habita ali há anos e anos. E nós, pequenos, aqui, construindo, caminhando, esquiando, comendo, até que, voltando pra casa, damos de cara com ela, no fim da rua. Ali em cima. Não é uma terra distante do outro lado do oceano. É uma força atemporal, infinita, bem aqui. Na cara da gente. Obrigada, lua.

PEGADAS

Sem pudores, tá? Saí pra dar uma caminhada e me vi sozinha naquela imensidão de neve. Tão lindo. Pois além das minhas, vi outras pegadas. Já tinha visto, na montanha. E como eu não sabia do que eram, resolvi fotografar para mandar para o meu irmão biólogo que, embora seja especialista em peixes, segue sendo importunado por mim quando quero saber que passarinho é esse, que planta é aquela e por que o rio está com essa cor. A primeira pegada eu percebi que era de cachorro. A de raposa é diferente. Às vezes, deixa um rastro da ponta do rabo que toca o chão. A outra pegada era de cervo ou alce. Registrei de vários ângulos para o meu irmão identificar. Eis que, quando fui ver as fotos em casa antes de mandar, tive um acesso de riso. Sério. Agora entendo por que os fotógrafos dizem que as coisas se revelam na foto. **O negócio é o seguinte: não sei que bicho é. Mas é macho.**

LOBOS

O programa já prometia. Tanto que separei oito CDs para uma viagem que deveria durar uma hora e meia de ida e o mesmo de volta. Vai que eu me perco! Pelo menos ficaria perdida ouvindo um sonzinho.

Acordei às 6h45. Tomei meu café com leite lendo as notícias do dia e fui me vestir. Roupa simples, esportiva. Botinhas de camurça para encarar a natureza. Escovei os dentes, os cabelos. E... não, não botei perfume. Tenho essa mania. Quando vou lidar com bichos, nunca ponho perfume. Acho que é muito forte para eles e dá uma certa confusão com o meu cheiro. Portanto, só desodorante. Afinal de contas, além de bichos eu teria que lidar com gente também.

A minha ideia era visitar o Alpha Park. Um parque/reserva de lobos que existe perto daqui. Botei o endereço da aldeia mais próxima no GPS e fui nessa. Chegando lá, eu pergunto e me viro.

O caminho foi esplêndido.

Fui em direção a Nice, mas de repente rumei para dentro das montanhas e deixei o mar pra trás. A vegetação foi ficando mais espessa e as montanhas mais altas e próximas. Fiz o sinuoso percurso rio acima. A estrada era estreita, daquelas em que temos que diminuir ou mesmo parar quando vem carro no sentido contrário.

Foi ficando friozinho. Tive que botar o casaco e ligar o desembaçador de vidro de tempos em tempos. Eu estava na garganta, no fundo de um vale de montanhas verde-musgo. No alto delas, neve. Isso mesmo. Os Alpes Marítimos ainda com neve no topo, e o pessoal lá na praia, a poucos quilômetros, tomando banho de sol.

Fui passando por pequenas cidades que se espaçavam cada vez mais e ficavam cada vez menores. Aldeias. Povoados. Algumas, medievais, com casas de pedra ou de cor ocre, construídas umas sobre as outras, com janelas coloridas.

Ouvia um som tranquilo e inspirador, até que cheguei na cidadezinha cujo domínio era limite do parque. Parei numa padaria, pedi um croissant e perguntei onde era o Alpha Park. Um senhor atrás de mim prontamente me perguntou: "Os lobos? A senhora quer ir lá?". Isso mesmo. "Ah, é fácil." E me deu as instruções. Só gravei que dali a duas bifurcações eu teria que pegar a direita. Eu tinha tempo para me perder. Estava sem pressão e gostando muito daquela trip solitária, pensando como deve ser curioso morar numa cidade em que você se refere a lobos com essa naturalidade, essa intimidade. Para eles, é algo corriqueiro. As galinhas? A cachoeira? Pra eles, são os lobos.

Me perdi um pouco, mas logo me achei. Cheguei cedo.
Comprei um livro, dois CDs e entrei no parque. A primeira visitante. Ainda havia aquele frescor da manhã, mas com a luz e o quentinho do sol alto. Eram 10 horas. Me explicaram que os lobos ficam em áreas delimitadas, de poucos hectares, e que eu teria três casinhas de observação para escolher. Aí é uma questão de sorte e paciência. "Da cancela pra lá é o tempo dos homens, e da cancela pra cá é o tempo dos lobos", me explicou um dos monitores. E me largou.

"É lá pra cima", apontou o barbudinho. Lá fui eu para o meio da floresta, sem saber ao certo quão soltos estavam os lobos nem por onde eu poderia andar, já que as trilhas foram se dividindo.

Me dei conta de como estou civilizada. Quando eu teria ficado com o coração acelerado por não saber que trilha pegar? Quando eu teria sentido falta de sinalização ainda mais explícita ou de uma babá comigo para me mostrar o caminho certo? Estou mal, hein?

Deixei o tempo dos homens pra trás. Respirei fundo aquele cheiro de pinheiro e fui. Tinha placas. Só precisava explorar um pouco. Nada de mais. Me achei. Me achei mesmo. Em mim.

Cheguei a rir. Entrei na casinha, escolhi uma janela e, em dois segundos... olha lá! Eu vi! Sumiu ali... Passou de novo... Arrá! Te peguei, lobão! Lá estava ele, passando entre as árvores.
Logo depois, a fêmea. Eles sabiam que eu estava ali, porque olhavam pra casinha. Devem ter sentido o meu cheiro e me ouvido chegar. Eles são sábios, esses lobos. Sabem de tudo. Esses bichos não chegam perto. Não adianta. Eles estão no meio do caminho entre o selvagem e o domesticado. Não têm contato com gente, mas não são tão tímidos quanto os bichos do fundo do mato.

Passei para outra casinha e de lá eu pude me esbaldar. Vi o primeiro. O alfa deles. É fácil de identificar, porque ele anda com mais segurança. Não se preocupa com os outros da alcateia.

Eles é que devem desviar do seu caminho. Ele me viu e passou lentamente me olhando nos olhos. Tinha os mesmos olhos de um leão. Amarelos e profundos. Meu coração acelerou imediatamente. Muito impressionante o olhar penetrante daquele bicho.

Ele desceu a ribanceira.

Logo depois, mais um, mais uma fêmea... E, aos poucos, dez lobos o seguiram. Todos me viram. Menos os filhotes. Eram quatro.

Avoados como todo adolescente.

Corri para a outra casamata, onde fiquei observando os bichos no sol. Deitados como cachorrões, mas nunca totalmente relaxados. Sempre três ou quatro levantavam a cabeça, de orelhas em pé, e assim se revezavam, no que me parecia uma vigília.

Por último, vi um casal de lobos italianos. Eles iam ser alimentados. Grandes nacos de carne foram jogados pelos tratadores, que rapidamente se retiraram de lá sobre um trator. Muito civilizados. Muito. Duas tratadoras saíram para a clareira, a pé, com quatro ratos mortos. Penduraram entre os galhos, esconderam entre as pedras e se retiraram caminhando. E era isso a comida do dia. Em cinco segundos, os dois estavam lá. Um casal com seus olhos amarelos fuzilando o horizonte, farejando tudo. Acharam os ratos. A fêmea foi a primeira. Muito mais ativa que o macho. Saltou a uma altura que achei que um lobo não saltaria para pegar o almoço. O macho era meio moscão. Não achou um dos ratos. A bióloga disse que na alcateia há sempre um casal dominante. Ele dominava e ela também. Esses dois ainda não tinham grupo, mas deu pra ver que quem decidia ali era ela.

Foi assim.

Na saída, vi filmes explicativos, li folhetos, comprei livros. Aprendi, entre outras coisas, que na França os lobos eram vistos como filhos do demônio, mas na Itália, sempre tiveram a conotação maternal.

A mãe da terra. É só lembrar de Rômulo e Remo. Na França, os lobos sumiram. Foram caçados até o seu fim em 1930 e só voltaram a aparecer no início dos anos 1990.

A caminho do carro, fiz pouco caso da fazendinha. Um entretenimento para as crianças. Mas então sentei onde batia sol para esperar o monitor, que me esclareceria umas dúvidas, e cabras e cabritos monteses ficaram curiosos com a minha pessoa. Mansos, deitavam a cabeça no meu colo, como cachorros. Como descobri que eram monteses? Não sou expert, mas fiz festinha em dois filhotes e, num piscar de olhos, os dois, em um pulinho, estavam sobre o tronco alto onde eu estava sentada.
E, logo depois, no meu colo. A partir de agora, amo cabritos.

No caminho de volta, decidi fazer uma parada. Vi um terraço lindo de um hotel-restaurante, com mesas ao sol viradas para o magnífico vale. Pedi um magret du canard e arrematei com uma tarte tatin.
Amo pato e maçãs. Lobos e cabritos.

TRILHAS INTERNAS

Era cedinho. Ekram, minha amiga cabrita, e eu fomos do mar até 650 metros acima dele, por trilhas, até Turbie. Suei tensões, aflições, sapos e tortas de chocolate engolidos. Espremi dos músculos, a cada degrau, as enxurradas de adrenalina acumuladas na obrigatoriedade de ficar contida.

O ar que entrava e saía do peito expulsava dos pulmões as palavras não ditas.

E o coração, pulsando na garanta, descarregava, em ritmo de cremalheira, as questões carbonizadas de explicações que não foram suficientes para consumi-las até o fim.

O esforço físico despolui a alma.

Comprei girassóis na volta.

MODOS NA PRAIA

Saí correndo para dentro da água porque fui ser cool, mas fui hot. Ou melhor, burn.

Eu sempre me gabei da minha carioquice adquirida. Olhava, condescendente, aqueles que passavam de Havaianas pela areia, sujando todo mundo nas cangas, e, sacudindo a cabeça, repetia: não sabe vir à praia.
Ou seja, se você vai passar por areia mole em espaços estreitos entre as pessoas, tire os chinelos para não sujar os outros. Boa educação e savoir faire carioca ensinam isso.

Tá, mas essa praia era em outro continente, a areia estava quente pra burro e a minha etiqueta foi por água abaixo. Saí correndo que nem uma garça descabelada, um lagarto louco. Não olhei pros lados nem pra trás.
Devo ter espalhado areia pra todo canto.

Chuááá! Graças a Deus, dentro da água. E lá fiquei por um tempo. Até esfriar ou se esquecerem de mim.

Naquele calor infernal, me senti um crocodilo ao me aproximar lentamente das margens do rio Okavango. Não era só a temperatura. Na altura dos meus olhos, um homem que deve ter sido halterofilista na juventude e agora cultivava uma espessa camada adiposa tomava sol de bruços. A sunga sumida entre as nádegas propositalmente para um bronzeamento mais uniforme.

Lá estava ele.

Imóvel. Distraído.
Só faltava o rápido abanar das orelhinhas.

Pobre presa.

"É assim que eles morrem", comentei com o Jayme. "Hein?" "Nada, nada."

NATAÇÃO PROFILÁTICA

Depois do fogo, a água. Nadar cedo, quando é possível, tem efeito profilático na alma. Sem flúor, com iodo, conchas e peixes. Escova o limo dos ossos, enxágua os restos ruins de dentro, e o mar se encarrega da proteção fator diamante por fora.

Odoiá!

VELHINHAS AQUÁTICAS

Praia no outono, de manhã cedo. Um sol tímido e elas. E eu, que tô com fuso horário trocado. E ainda três patos, que estão dando um tempo aqui, em Mônaco, no caminho pro sul, já que o inverno se aproxima.

Frio, hein.

Frio e brisa fria...

E elas estão sempre na água. Sempre!

E sem roupa de borracha.

Adoro as velhinhas francesas. Nada as assusta.
Não tem tempo ruim.

Passamos encasacados no calçadão, ainda desacostumados com o frio que começa a pintar. E quando olhamos pro mar, se for cedo de manhã, lá estão as cabecinhas.
É gente mesmo? É. São elas. As velhinhas.

Mesmo no meio do inverno. Elas estão lá,
nadando peito e conversando. Em grupos de três, quatro.
De um lado para o outro.

No auge do frio, tem umas que vêm de roupa de borracha e pés-de-pato. Sua avó tem roupa de neoprene? A minha não tinha. Tinha outras coisas, mas roupa de mergulho, não. Aliás, algumas combinam o Long John com umas toucas floridas, que lhes dão um ar de Esther Williams, a surfista matutina. Estou no píer. Vim ver as velhinhas. Cheio de peixe colorido aqui no fundo. Elas devem comentar todos os dias. Dos peixes, do que irão fazer, do que fizeram, do que acham da vida, da família, de tudo. Estão saindo. Se secam. Duas, com delicadas e femininas toalhinhas cor-de-rosa. Tiram a parte de cima numa boa, para botar um sutiã seco, mais confortável. Por cima, suas roupas. Seus disfarces de velhinhas, com sacolas de compras, que é pra gente nem suspeitar, quando entrar no elevador, que eram elas as corajosas sereias da manhã.

Acordei antes do sol. Um dos benefícios do fuso horário trocado.

Dá para tomar café da manhã com calma, ler as notícias e ainda ter ideias antes de começar o dia a fu.

Foi ver o nascer do sol que me deu aquela coisa. As velhinhas... Hoje vou me juntar a elas!

Ai, que frio...

Seja macho, seja velha!

Fui buscar a minha roupa de borracha, guardada há muito no armário. Comecei a me sentir bem, animada. Me deu uma certa excitação.

Juntei as coisas que nunca tinha juntado, ou melhor, tinha... nos meus tempos de surfista, abandonados desde que vim morar à beira de um Mediterrâneo sem ondas. Tempos que ficaram pra trás com a correria de trabalho no Rio.

Biquíni, toalha... Putz grila... O fecho do short John está corroído de sal velho. Verde. Nãããããão!!!

Água quente, ponta de tesoura, creme hidratante. Me lembrei do Dadá Figueiredo, monstro sagrado do surfe nos anos 1980, que uma vez me viu numa situação parecida na praia do Silveira, em Santa Catarina, e sugeriu: "Dá uma cuspidinha".

Ali, só se fosse uma cuspida de ácido.
Enfim, cada vez com mais pressa e mais violenta nas minhas tentativas de fazer o zíper se mexer, me rendi.

Azar: deixei o bicho de molho na água morna com creme.

Vou sem!
Vamos nessa!

Ainda pensei em levar umas botinhas de borracha para me proteger dos ouriços. Então me dei conta de que nunca usei isso nessa praia aqui no verão, por que teria esse problema agora? Era o medo. Hehehe. Danem-se as botinhas.

Fui ficando tão ansiosa para encontrar as velhinhas que não consegui esperar o elevador. Desci os três lances de escada correndo.

Não eram oito horas ainda.
A passos rápidos e leves corridinhas, cheguei à praia do Larvotto.
Ninguém na água.
Nem os patos.
Não faz mal. O mar estava lá e o sol ainda baixo e lindo, me desafiando, simpático, como quem diz: "E aí? Vai amarelar, surfista?".

Não.

Caminhei com calma pela praia, me sentindo cada vez mais corajosa.
Fui recebida por duas dezenas de gaivotas que voaram da beira da água com a minha chegada.

Fui até o canto das velhinhas estacionar minhas coisas.
Elas não estavam lá.

Só os velhos. Sequinhos, agasalhados, olhando a paisagem.

Tirei a roupa, as meias, senti as pedrinhas frias da praia.
E lá fui eu de biquíni, no pelo, como diria a minha antiga turma.

E não é que tava bom? Iemanjá é mãe, não é pai.

Entrei na água e, quando me dei conta, já estava dando as primeiras braçadas em direção ao horizonte, pra longe do raso, sorrindo...
mas sorrindo muito.

E me sentindo eu de novo, me sentindo apta a ser selvagem novamente, me sentindo velhinha!
É isso. Aquelas velhinhas são eternas selvagens.
No mar dourado, de fundo verde escuro, lá fui eu, e de lá voltei.
Comecei bem o dia. Me sentindo bem velhinha.

Na próxima, vou levar oclinhos de natação para ver os peixes.

⋅•

Novidade da manhã.
Dia quente de mar frio.
Cheguei atrasada. As velhinhas já tinham saído.
Bom dia! Tá frio?
Um pouco. Mas depois passa.
Dei umas vinte braçadas até poder respirar.
Tava de arder a cabeça.
Dei um uivo. Puah! Il fait froid! Tá frio!
Uma outra moça de roupa de borracha preta e touca rosa-choque que nadava peito com a cabeça pra fora da água me animou.

Tá, mas em um minuto passa.

Novidade do dia?

Um novo companheiro.

Um ganso!

Adorei ver um bicho grande desses dentro da água. Estava sozinho. Eu não me aventurei a chegar perto dele. Um, porque sempre ouvi falar que ganso é bravo e bica a gente; e dois, porque eu estava louca de frio e tinha que nadar.

Fui, voltei... E não resisti. Fiquei ali quietinha olhando pro bichão.

No mar, a gente fica com a cabeça na altura deles. Mais baixo até. E para quem estava acostumada a patos, de longe, e gaivotas ainda mais de longe, quando um ganso curioso vem nadando cada vez mais perto, dá vontade de rir. Dá aquela sensação de Discovery Channel ao vivo. Ele chegou à distância de um braço. Fiquei ali sozinha rindo. Ele deu a volta em mim, observou bem e foi-se. Tentei chamar. Como é que se chama ganso? Quando vi, estava "quacando" alto e sozinha dentro do mar. Sozinha não, tinha um cara entrando e certamente imaginando se também acabaria como eu se ficasse muito tempo naquela água fria.

Na volta, os velhos todos comentavam do novo companheiro. Deve ter vindo de Fontvieille, o bairro do outro lado da montanha.

Os velhos são todos amigos. Elas trazem café. E conversam com eles, trocando o sutiã com toalhas enroladas na cabeça. Com aquela intimidade de marido e mulher que estão há anos juntos. Eles ficam de pulôver e cuecas e botam suas meias de suave compressão para as varizes. Elas não falam muito comigo, a menos que eu pergunte alguma coisa. Eles falam um pouco mais.

Eu fiquei com pena do ganso e fui ao restaurante pedir um pão velho pro... pro... Ai, como é que é ganso em francês?! Foie gras? O bicho do qual se faz foie gras? Ai, que vergonha. A mesma coisa que chegar a uma estância e

perguntar pela picanha em vez do boi. O garçom falou canard?
Não, não é pato! É um grande pato. Oie? Isso! Isso!

Peguei o pão e entrei na água de novo, me sentindo com oito anos novamente, alimentando cachorrinhos perdidos de rua.

O ganso só comeu um pouquinho e não quis mais.
Saiu da água logo depois de mim.
Ficou se secando e relaxando no sol.
Ainda tentaram dar mais pão a ele, mas ele não quis.

Alguém que entende de gansos, me explica? Será que ele estava cansado? Será que não gosta de pão? No fim, fiquei ali, como ele, me esquentando, porque hoje, como dizem os canadenses, il fait un froid de canard. Faz um frio de pato! Ou melhor, de ganso, de une oie.

Palavra que conferi no Google. Aliás, a primeira imagem que veio foi do Paulo Henrique Ganso, e não do meu amigo perdido da natação.

Nadar no outono não tem preço. Depois do café com leite e das notícias lidas, vesti meu maiô com coragem. Moletom do Napoli e Havaianas. Fui sentindo frio nos pés, prevendo o que me esperava. Na praia cinza e vazia, hábitos diferentes entre os poucos que estavam ali. Uma moça lia um livro volumoso, enquanto mergulhadores se preparavam para alguma aventura subaquática. Não havia patos. Uma africana cantava sozinha, batucando na garrafa de água. Botei meus óculos e me atirei na água. Saí nadando freneticamente, até me dar conta de que a água não estava tão fria. Encontrei peixes. Parei de nadar e fiquei mergulhando. Nessa época do ano, com menos gente no mar, eles ficam mais mansos. Deixam a gente chegar perto. Já era tarde, mas ainda encontrei uma senhora na água.

Com o boné segurando os cabelos, ela nadava o clássico peito de cabeça fora da água. Afinal, se não fosse assim, como ela conversaria com a amiga que a acompanhava no mesmo ritmo, de óculos escuros?

Acordei tristonha. Sem a menor vontade de encarar o frio da rua, nadar, botar maiô, preparar a mochila... Ai, que preguiça. Mas aí fui fazendo cada coisa como se fosse a única e, quando vi, já estava no elevador e no frrrio da rua.

Ao chegar à praia me deparei com um mar turvo, meio acinzentado. E com ondas, como rarissimamente o Mediterrâneo fica nessa região. No mais, nobody. Dessa vez nem os patos. Até as gaivotas estavam na areia. Fui caminhando pro meu ponto de desencilhar. Quem monta conhece essa expressão: o lugar onde se tiram os arreios dos cavalos antes de soltá-los.

Pues... a entrada da praia estava fechada. Sem tirar o olho do mar, observando o tamanho, os intervalos das ondas, fui caminhando meio de lado até a outra entrada. Cancela de ferro. Uma chapa de ferro, não só uma cancela. Tentei pular o muro, mas logo uma camada imensa de água invadiu a areia. Pulei de volta. Não sei o que me deu, fui ficando cada vez mais resoluta.

Na verdade, sei. Eu sei o que me deu. Lá naquele canto das velhas, quem eu vi, se trocando? As velhas! Três delas. Saí correndo para a única possibilidade de chegar até elas. Dei a volta pelo calçadão. Não vi se estavam tirando ou botando a roupa, mas eu queria entrar no mar antes que elas saíssem dali. Se, por acaso, acontecesse alguma coisa, eu teria as minhas salva-vidas. Por falar nisso, não tinha salva-vidas. A praia estava interditada, logo... Logo as velhinhas não estavam nem aí. E eu? Por que estaria?

Quando cheguei, elas já tinham saído. Em direção ao mar, felizmente. Mas indo pela areia, lá do outro lado da praia. Só sobrava um grupo de senhores amigos. Um deles voltava do mar, se secando, conversando com os outros dois que estavam ali de escudeiros.

Dessa vez, eu estava com aquela sensação. Enfrentar o frio e o mar grosso ainda por cima. Porque, embora em intervalos mais espaçados, as ondas estavam fechando a baía. E eu não conheço essa praia com ondas. Onde são os canais, as valas, os bancos...

Perguntei: "Bonjour, tá dando pra nadar?". "Tá, sim", disse o senhor, orgulhoso. "Tá ótimo. Extreme!"
Extreme de extremo, radical, ou de extremamente bom? Ai.
Mas dá pra entrar tranquille?, insisti.
"Ah, sim, claro", respondeu ele ainda mais valente, com aquelas bufadas que deixam tudo com jeito de óbvio. "Dá sim, pode ir."

Outro, mais gordinho, interveio: "As garotas foram lá para o outro lado". As garotas eram aquelas três senhoras de quem eu falei antes.
E então o valentão me deu a espetada final: "Mas elas não são...", e usou uma palavra que fica entre o sólido e o corajoso. Disse "Solide. Dá pra ir." Solide?

Puta merda, desculpe o meu francês, agora vou ter que ser solide.
E os três ficaram me olhando.

Saco.

Tirei a roupa e fui.
Por aqui?
"É, por aí. Eu fico te olhando. Qualquer coisa, grita."
Pois sim, pensei comigo.

Pedi a bênção a Iemanjá e me atirei. Sempre de olho no horizonte, cuidando a entrada da série das ondas maiores e sentindo a intensidade da corrente passando pelo meu corpo.

O coração mais acelerado que de costume me fez gastar mais oxigênio, então decidi que não daria uma longa nadada, para estar preparada para um eventual caldo.

Mas vi que a corrente não era tão forte, o mar não estava tão frio e as ondas grandes abriam e ficavam azul-turquesa. Ha! Ri. Ri sozinha de novo.

Já me posicionei pra uns jacarés. Me diverti. Quando olhei para a praia, o valentão e o barrigudinho já estavam se sentando no bar para tomar um café. Devem ter relaxado. Só ficou um dos escudeiros me esperando. De cabelos pintados de preto feito a asa da graúna, me recebeu animado, fazendo alongamento, mesmo que estivesse de cinto, sapatos e pulôver. "Estava bom?"

Ótimo! Seu amigo tinha razão. Muito obrigada.

Nos despedimos. Demorei um pouco para me arrumar porque estava esperando as garotas voltarem do lado tranquilo da praia, pela areia.
Elas chegaram, mas não me deram muita trela.
Acabei de me encasacar e, ao sair, disse: Bravo, mesdames!

Elas sorriram, se viraram pra mim e disseram: "À vous aussi!". A você também!

Score.

Praia às seis e meia da manhã. É "nóis"!

Chegar à praia cedo, com as velhinhas e os patos... Que alívio.

É como se estivesse aqui só a natureza, antes de a cidade acordar. No senso comum, quando nos referimos a "natureza", o ser humano não está incluído. Pois aqui os velhinhos são como os bichos. Estão integrados ao ecossistema. Não sobressaem.

Não pulam fora do ambiente sereno. Fazem parte da paisagem. Calmos, eles boiam, nadam peito ou crawl lento. Eles conversam baixo nessa praia quase sem ondas, de água transparente, na tranquilidade do mar. Claro que lá dentro, no fundo, podem existir correntes traiçoeiras, peixes e pensamentos capazes de mudar de direção em um piscar de olhos, águas-vivas carregando rancores antigos.
Mas isso tudo faz parte.

Acho que todo mundo que vem pra cá a essa hora vem pra isso. Para aproveitar a brisa fresca da manhã, o sol ainda suave, quentinho, a liberdade longe de suas casas, a tranquilidade de pensar sem a sombra da solidão nem o barulho da família. Nadar no mar a essa hora é nascer de novo antes de os outros acordarem. É aproveitar o frescor da nova vida. **Então tá na hora de ir pra água, porque às dez chega a adolescência.**

PARABÉNS PELO DIA DA MULHER-MÃE

Assim que me sentei no sofá, hoje de manhã, liguei pra minha mãe pra dar os parabéns, beijar e abraçar virtualmente a Groselha, a Groseli, a Imperatriz, La Mama, a Madre Superiora, a Sofia Scicolone, pelo dia oficial.

Bobagem ter dia disso e dia daquilo? Comercial? É ofensivo o Dia da Mulher?

Pera. Calma na mesa do café da manhã. Concordo que todos os dias são dias de tudo e de todo mundo, mas confesso que, fora as novas datas, das quais nunca tínhamos ouvido falar antes, como dia do repórter, do avô, do jovem, do obstetra, dos moribundos (19 de março), acho "o dia do..." legal.

Mas o Dia da Mulher é mais um dia para acarinhar com atenção, honrar e pensar sobre o papel daquelas de quem gostamos.

Desta vez, pensei na minha mãe, a mais mulher das mulheres. Depois da Tina Turner, que deve ter nascido com genes XX na potência 8.

Depois de dar os parabéns à minha mãe, fui mandar mensagens à família e às amigas que são mães. E aí me dei conta de quantas mulheres eu conheço que, como eu, não são mães. Antes era algo mais raro, acho, e até encarado com uma certa pena ou comiseração. Hoje vejo muita mulher vivendo muito bem, obrigada, casada ou não. Ontem, num almoço de casamento, depois de algumas taças de champanhe, ouvi de uma velha matriarca grega: "Amo minhas filhas, que Deus as abençoe sempre. Mas se eu nascesse de novo, provavelmente jamais me casaria ou teria tantos filhos". E me olhou no olho, com a mão sobre o meu braço: "Nunca se sinta menos mulher por não ter filhos". Achei graça da velha, que, do alto de sua idade e poder, não se vê obrigada a fazer qualquer introdução pra dizer o que quer.

Eu não me sinto nem menor nem orgulhosa.

Pra falar a verdade, acho que toda mulher é um pouco mãe, naturalmente.

Se vê responsável e protetora daqueles que ama. Em algum momento, preocupa-se em dar conselhos e exemplos certos. Quer abrir os braços e afagar quando precisam dela. Sofre com a dor do outro. E, por alguns, tem um amor incondicional. Mesmo que seja pela própria mãe.

Portanto, feliz dia pra quem ama como mãe e como filha.

REMÉDIO CASEIRO

O melhor remédio para cólicas matutinas: ainda de camisola, sente-se com um bom livro e faça compressas de gato quente. Repita até você começar a ronronar. **Pronto! Passou.**

SÓ OBSERVANDO

Comentário fútil. Não sei se vocês têm a mesma impressão que eu, mas, às vezes, topo com umas pedicures tão detalhistas e obsessivas que sinto que, se eu me distrair com a revista, periga ela roer o cantinho do meu dedão do pé.

SAQUINHO DE COCÔ

Acabo de ver um saco preto com um provável cocô que um cachorro fez na rua. Nojo? Também tenho. O dono dele também. Mas temos que ser civilizados, afinal moramos em grandes cidades. Com a mão no plástico, a pessoa supera a ânsia de vômito e envolve o montinho quente num saco de lixo. Com cuidado, dá um nó. Faz esse processo porque não quer que os outros pisem no bombom que o seu cão deixou na calçada. Bacana. Mas aí ela deixa o saquinho, enroladinho e com lacinho, na calçadinha! Ela não leva até o lixinho do outro ladinho da rua. Ou seja: não quer que alguém pise, mas quer que alguém venha juntar.

Ah, tá. Entendi.

No inbox, um familiar me pergunta se estou de mau humor por causa do meu último post.

Ele ainda pondera: a criatura que largou o saquinho ali poderia ter apenas deixado o pacote cair a caminho de casa.

Respondi: "Não, brother. Tem um monte desses saquinhos pela cidade". Aí o familiar insiste, porque ele nasceu para "inticar" comigo: podes estar implicando com uma velhinha inocente.

Não estou. Amo velhinhas e um dia me tornarei uma delas.

Mas veja bem, familiar, há muito tempo que velhas senhoras deixaram de ser inocentes. E quando eu chegar lá, pode ser que resolva deixar o saquinho em alguma porta conhecida.

Bem familiar.

SHADOW

As pessoas foram saindo, ajeitando seus dias e, com a cabeça repousada sobre as patas, somente os olhinhos acompanhavam os passos de quem cruzava à sua frente.

Shadinha, diminutivo de Shadow, é uma vira-lata gordinha, maior que um cocker e pouco menor que um pastor.

Anda invadida, a coitada. A família grande que acampou na casa dela fez com que ela se retirasse e vivesse deitadinha no cantinho da sala.

E, de novo, todo mundo saiu e ela ficou.

Não, hoje não.

"Do you wanna go out for a walk?"

A gordinha sonolenta que levantava quase manca virou uma adolescente animada e pululante.

Saímos, nós duas, caminhando na manhã cinzenta e ventosa, ouvindo um som, cheirando cada cerca das casas coloridas de Cambridge e fuçando as folhas secas de plátano que se acumulavam no chão.
O vento frio do inverno limpava as minhas ideias, e soltei a Shadow na beira do rio. Ela correu, correu como o meu pensamento. Livre, brincou, entrou na água, saiu, sentou ao meu lado, saiu de novo para farejar algo longe, observou o outro lado da margem.

Três graus negativos... Ao ar livre, nós somos outras. Shadow e eu. Voltamos pra casa devagarinho.
Ela de guia solta e eu tomando um cappuccino.

SHADOW E O SOFÁ PROIBIDO

Shadow sabe que não pode subir no sofá.
Na verdade, ela pode, mas só em um deles, e quando a gente põe uma colcha especial. Ela sabe disso.

É inteligente.

Há muitos anos, Shadow foi resgatada de um abrigo.
Doente, maltratada e coitadinha, ela foi cuidada, alimentada, amada até se tornar uma gorda confiante, simpática e esperta.
Muito esperta.

Como gosta muito de gente, tornou-se especialista.
Uma grande observadora dos costumes humanos.
Por exemplo, quando minha irmã exclama a plenos pulmões: "Que merda!" (desculpem os maus modos), Shadow não se encolhe de medo, não fecha os olhos, tampouco se intriga com os brados. Automaticamente, corre até a cozinha com o nariz no chão feito um aspirador, porque sabe que algo deu errado, e, se algo deu errado, tem sobras saborosas perto da pia ou do fogão.

Assim, uma queixa logo após uma desgraça, para Shadow, significa o imenso prazer de uma gostosura fora de hora.

Depois dos dengos da minha visita, Clarissa, minha irmã, andava desconfiada de que, quando saíam, Shadinha se espalhava no sofá. No que não podia, e sem colcha. Mas as perguntas respondidas com olhares de culpa não eram o suficiente para condená-la.

A pobre órfã adotada.

Então chegou a primavera. Um dia, Clarissa entrou em casa e notou dezenas de pequenas flores amarelas sobre o sofá.

Hum... Shadow?

Lá estava ela, na recepção, a gorda simpática, com metade da bunda cheia de flores e a outra metade sem.

Arrá!

TIÃO

Na última manhã no Brasil, saí pelo caminho de pedras da portaria, ouvindo os passarinhos calorentos do Horto, no Rio. Sorri para um maracujá no chão que tinha caído da planta do vizinho. Não é todo mundo que tem o prazer de ver a natureza esbanjando fruit de la passion. Musse, refresco, caipirinha... tanta coisa boa sai desse fruto. Felizes passarinhos.

O portão não estava funcionando, então o Tião, prontamente (Tião faz tudo prontamente), correu para abrir o lateral. "Pode sair por aqui, Dona Mrlnrm." Tião não lembra meu nome. Eu me apressei para agradecer a gentileza e cruzei rente à abertura de ferro, como quem não quer dar trabalho. "Muito obrigada. Vou ali rapidinho e já volto, Tião."

"Vai tranquila, Dona Mrlnrm. Pode ir sem pressa. Devagarinho."

Tião não sabia aonde eu ia, mas queria que eu não me incomodasse e me deu licença para curtir aquela manhã.

Graças a ele, fui tomar um cafezinho com panforte na casa da Elisa, com a tranquilidade que eu merecia e que o cotidiano, muitas vezes, nos faz perder. Viva a gentileza.

Estou em trânsito em Frankfurt. E um "colega" do lounge acaba de soltar um pum altíssimo ao passar por mim.

Fico imaginando se, ao sair de casa, o Tião dele o liberou para ter essa tranquilidade toda.

SENTIDO

Se tem algo que não tem sentido, é sentimento.

O sentido pode até ser dado depois do sentimento revelado, como um contexto, uma interpretação. O sentimento nasce órfão de explicação. O coração dá à luz, de parto natural e rápido, os olhos que se afogam em lágrimas repentinas, os pelos que se arrepiam no braço, as mãos trêmulas, a boca seca, a ausência de palavras ou o uso totalmente equivocado delas. E então começa a busca do porquê, do sentido de se estar sentindo. A resposta boa normalmente se revela quando o coração e a cabeça se dão as mãos. Ah! É por isso! Por isso reagi assim. Por isso tenho essa sensação. E para isso é preciso de silêncio. Silêncio e música. Eles facilitam o caminho para o autoentendimento. Indígenas, monges cristãos, budistas, hinduístas usam o silêncio para pesquisa interna.

Silêncio e antigos tambores, sinos, cânticos e mantras para fisgar a gente da superfície e viajar internamente.

TODOS OS SENTIDOS

Cheiros estranhos. Conheço um cara que tem hálito de lata de bolinha de tênis. Tem também o cheiro de aranha morta em casa fechada. Gente que tem hálito de goiaba.
Criança que brincou demais no recreio fica com cheiro de galinha frita. Crianças de beira de mar têm cheiro de macela, folha seca de eucalipto e café com leite. Cheiro de aula de balé, que, na verdade, é de uma madeira especial num ambiente escuro. Uma amiga de infância, a Natalie, tinha cheiro de bolinho de arroz. Pelo cheiro sei, de olhos fechados, se estou na minha casa em Porto Alegre, na casa da minha tia Anna ou na da minha avó. Ainda reconheço meus pais pelo cheiro. Meus irmãos, mais ou menos. Juro que sinto.

･●

Tenho uma amiga que ri como uma galinha. Parece que cacareja a cada piada. Eu rio mais dela do que da graça que a fez rir.

Levo um susto toda vez que um colega meu espirra. É um latido alto e inesperado na sala de imprensa da F1.

Meu pai uiva no fim do espirro. Atchiuuuouuuouuuu!

Minha irmã parece um macaco catando piolho em outro enquanto escarafuncha obsessivamente as imperfeições na pele do meu irmão, sob o sol do jardim.

A outra se concentra feito gato. O outro se coça feito urso. Se exibe feito um pavão.

Eu sinto cheiros de longe e tenho ouvido sensível. E quando fico muito braba, normalmente, faço silêncio antes da explosão.

PRAZERES COTIDIANOS

Soltamos as penas de alvoroço, os pelos da nuca eriçam de ódio, nossas orelhas ficam em pé, atentas para o que vai acontecer a qualquer momento. E, assim como cães, cavalos e tigres, suspiramos quando estamos entediados.

Somos bichos por dentro. Apesar de engomados pelos bons modos e enquadrados na civilidade, de vez em quando deixamos escapar de dentro da gente uma asa debatendo-se descontrolada. Como quando o João, meu bóxer amado, quis esconder que tinha abocanhado uma borboleta. João!!! Eu gritei na hora H. Ele, com a boca imóvel, olhava para o lado, disfarçando, sabendo que vinha bronca. De repente, flap flap flap entre as bochechas. Sem ter sido mastigada ainda, a borboleta botou as asas pra fora, toda melada de baba.

Pobre borboleta.
Abri aquela bocarra preta à força e soltei a coitadinha.

PARTE QUATRO

INESPERADOS

BRISA INTERNA

Acabei o que tinha de fazer.

Dessa vez, a tabela do Excel nem doeu tanto.

Terminei e me dei conta de que o sentimento de solidão ainda estava lá dentro de mim, acanhado.

Bem baixinho. Não gritava nem atazanava as ideias, não provocava nada. Apenas uma voz, um sopro baixo, deixando meu coração com pouco ar. Um sentimento que não nos faz procurar porquês, resolver questões. Nos deixa voltados mais pra dentro, isolados, como velhos indígenas com cobertores sobre os ombros em frente ao fogo.

Abri as janelas da casa e deixei entrar um ar frio pra limpar as ideias.

Botei meu velho moletom, molinho e surrado, em cuja estampa mal se vê meu querido amigo Snoopy.

O outono chegou e o chão da cozinha agora dá um frio gélido aos ossos dos pés. Alpargatas são a solução mais cômoda.

Resolvi cozinhar.

Sinto frio por dentro. Salada não é uma boa pedida. Achei uma boa música com violão. Fiz uma sopa de legumes e botei um milho pra ferver. Escolhi o copo certo e servi vinho tinto.

Acendi uma vela em um castiçal que protegesse o fogo do vento frio. Uma vela que me trouxesse ainda mais para dentro de mim mesma.

DESENVENENAMENTO

Pensei bem antes de escrever. Não pela palavra esquisita, mas porque eu não sabia quanto tempo e atenção deveria dedicar ao tema.

Tenho feito um exercício. Ao mal destilado pelo outro, ao fel servido a mim, à acidez alheia, à batata quente posta nas minhas mãos, tento dedicar-me o mínimo possível.

Me exercito a largar a batata no chão imediatamente e seguir o meu caminho. Repito para mim mesma que aquilo não é direcionado a mim, mas ao mundo daquela pessoa. Pegue a batata quem quiser assumir a briga com o provocador, quem tiver disposição de provar o amargor do recalque alheio, quem quiser deixar aprofundar e arder a ferida da navalhada gratuita que poderia ser apenas um arranhão passageiro.

Às vezes, é difícil identificar se somos mesmo a causa daquelas palavras, se contribuímos para aquela agressão acontecer. No entanto, é preciso ter bom senso para avaliar o que o outro está vivendo naquele momento, se ele anda apertado, descontente, infeliz, doente. Ou se sou eu que ando infeliz, apertada, doente.

E se a resposta não vem pelo diálogo interno ou pela conversa com o outro, é melhor parar de cavocar a questão. A solução se desvenda com o tempo e, enquanto isso, não fazem bem as gotas homeopáticas de fel.

Perguntei à minha mãe como se escreve "fel".
Ela me respondeu: "Não sei. Nunca escrevi essa palavra".

Tá bom pra você?

NEURA

Eu ia reclamar.

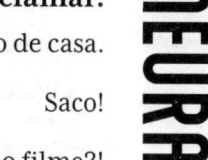

Pra mim mesma, dentro de casa.

Saco!

Agora que escolhi o filme?!

Por alguns segundos, achei que estavam fazendo exame de ressonância magnética no apartamento de cima.

Então, ouvi barulhos de madeira.
Madeira de sandálias plataforma martelando o chão.

Era música. Era festa.

Dei um suspiro de irritação e constatei: estou velha.

Não entendo o som, critico o comprimento das minissaias e a altura dos saltos (ainda que só para mim mesma), acho que são muito jovens pra fumar e caír de bêbadas.

Eu, que já usei minibiquíni escondida da mãe, tentei fumar Marlboro (mas ficava enjoada) e dormi algumas vezes com um balde ao lado da cama, agora vivo em algum planeta sem-graça, bege ou nude, como dizem os esmaltes.

A lista ranzinza e anacrônica poderia continuar, se a barulheira não tivesse acabado e um coro bonito e afinado não tivesse surgido, cantando "Joyeux anniversaire".

Imaginei a aniversariante feliz, pintadinha, recebendo beijos de parabéns das amigas e dos pais à luz das velas.

Quebrei.

Amoleci.

Estou velha, mas não sequei.

UM ESPAÇO PARA CHORAR

Olhar para o horizonte do mar azul dá um alívio nesse meu vendaval interno. Não sei explicar — até sei, mas o temporal é grande. A cobertura de um assassinato em massa, que pode se repetir em outros lugares a qualquer hora, gera uma profusão de sentimentos e pensamentos que hoje, o dia em que encerro meu trabalho, é difícil de definir.

Olha só que frase longa.
Isso já mostra a minha dificuldade de organizar ideias.

Quero dizer tudo e nada.

Hoje ouvi milhares de pessoas respirando ao mesmo tempo. Você já ouviu isso? Foi durante o minuto de silêncio em homenagem às vítimas do atentado terrorista em Nice.

Milhares.

Depois, houve uma salva de palmas tão sentida que não queria terminar. Aos poucos, minutos depois, aquele som foi ficando ritmado. Eu também bati palmas.

Éramos milhares demonstrando que compartilhávamos da mesma dor, do mesmo choque, no mesmo compasso.

Gente de idades, passados, credos e realidades diferentes, sentindo e ouvindo no bater compassado das palmas a mesmíssima dor.

Eu estava lá para relatar.

E, porque o meu trabalho pedia, eu devia manter um distanciamento emocional. Só que ontem, ao entrevistar uma menina de 15 anos, a vida me surpreendeu.
Ou a morte.

A menina tinha um discurso sentido e bem-articulado sobre a discriminação racial e religiosa e a importância de nos darmos conta do essencial: somos os únicos seres humanos nesta terra.

Minha mãe, disse ela caindo no choro, morreu aqui.

Não consegui me controlar e chorei com ela, tanto que me retirei aos soluços. Me distanciei de todos e caminhei com as mãos na cintura, respirando fundo e tentando não desaguar cachoeira abaixo.

Até que alguém me abraçou. Chorei, abraçada por alguém e ainda tentando me conter.

De repente, me ouvi.

Eu pedia desculpas o tempo todo.
A pessoa que me abraçou me disse: "Mas por quê?".
Eu respondi: "Porque nem francesa eu sou. Estou aqui a trabalho".
Não me achei no direito.

Não convenci a ela nem a mim mesma.
Ela me disse algo que não entendi.

Fiquei por ali um pouco, até me recuperar o suficiente para não ficar toda inchada. Tinha que entrar ao vivo. Agradeci o conforto e segui andando para respirar. Dez minutos depois, vi a moça que tinha me abraçado correndo num bom ritmo pela orla.

Então entendi o que ela tinha me dito antes:
"Eu estava correndo, te vi chorando e voltei".

Foi assim.

A definição simples e inegável de solidariedade.

Foi o que melhor vi nesses quatro dias de cobertura em Nice. A solidariedade pura entre seres humanos. Ninguém que chorou na Promenade des Anglais chorou sozinho.

CENA BONITINHA

Cena bonitinha na loja do aeroporto. Uma filha de uns nove anos viajando com o pai pega uma caixa de rímel da Lancôme e pergunta para que serve. Ele explica que é para os cílios. Então ela pede para passar. Ele, meio sem jeito, de mãos grandes, passa. **Nhóin...**

RASTEIRINHA

Ele saiu correndo de debaixo da máquina de refrigerantes e se espremeu entre as grades do bueiro até passar a bunda por último.
Quando eu pensei que iria morrer de nojo e ter um ataque, vi que não era uma ratazana imensa e ameaçadora, mas um camundongo castanho-avermelhado todo peludinho — e de bunda gorda. Sabe de uma coisa? Acho que nem aquele rabo pelado que os ratos costumam ter ele tinha. Devia ser outro roedor. Um miniporquinho-da-índia perdido naquele frio da estação de trem. Engraçado como, às vezes, nossa primeira impressão tem que ser acalmada e questionada pela segunda. Parei o nojinho no meio, como criança que vai fazer manha, se distrai e desiste.

Infelizmente, o mesmo não aconteceu quando ouvi o barulho inconfundível de dentadura vindo do assento ao meu lado, no trem. Da dentadura com a qual o monsieur brincava entre um gole e outro de cerveja.

Tira, põe, cerveja, tira, põe, olha, cerveja.
Não, amigos, esse não dá pra virar porquinho-da-índia.

Sorry.

SÁBADO DE ALELUIA

Sábado de Aleluia, um dia depois do martírio, um dia antes da ressurreição. Mas um dia, para os católicos, marcado pela dor da mãe que perde o filho. Nossa Senhora das Dores, também chamada Nossa Senhora da Piedade, Nossa Senhora das Angústias, Nossa Senhora das Lágrimas, Nossa Senhora das Sete Dores, Nossa Senhora do Calvário, Nossa Senhora do Monte Calvário ou ainda Nossa Senhora do Pranto, Nossa Senhora da Solidão...

Nossa Senhora da Solidão é a que mais me impressiona. A mãe que segura Jesus morto no colo é o que há de mais triste. Dizem que é a pior dor que existe.

Então, Jesus ressuscita e tudo fica bem. É a fé num dito popular: tudo sempre acaba bem. Se não está bem, é porque ainda não acabou.

Como é bom pensar que amanhã vai ser um dia melhor.

MALEDICÊNCIAS

Acho que falar mal dos outros faz mal pra gente. Faz mesmo. Além da perda de tempo. Na minha experiência, cada vez que faço algum comentário maldoso sobre alguém, Deus ou o destino, invariavelmente, me pregam uma peça. Ou dou uma topada, ou algo não se resolve, ou eu cometo exatamente o mesmo pecado do qual reclamei ou de que fiz troça.

Por isso, tento seguir uma máxima do meu pai: se não tens nada de bom para dizer sobre a pessoa, simplesmente não fale dela.

Também acho. Só que tem vezes...

O casal da mesa ao lado se apresentou. "Somos seus vizinhos!" Ah, desculpe, não reconheci por causa dos óculos. Menti.

Os dois usavam imensos óculos espelhados. A dupla passou o almoço todo falando com a gente, reclamando do síndico que não tinha reformado a caixa do correio, que, segundo a mulher, era horrorosa. E esse assunto durou nosso almoço inteiro. Quando tomávamos o cafezinho e eles pagavam a conta, eles finalmente se despediram. Estavam animados, indo praticar esporte. Treino! Ah, é? Que bom! O que é que vocês praticam? "Curling."

Já sei que vou pisar num cocô hoje…

OBRIGADA, ELEVADOR

Elevador foi feito para nos constranger.
Não, não foi feito para congregar. Se tivesse sido projetado para socializar, não haveria o pum escapado, nem a pessoa que não responde ao bom-dia, mesmo tendo ouvido. Nós não ficaríamos trancados lá dentro tocando o alarme que ninguém atende, e haveria outro assunto além do tempo ou de falar mal do prédio, do condomínio ou de qualquer outra coisa que nos una naquele cubículo.

Se tivesse sido feito pra congregar, não aconteceria o que aconteceu comigo hoje. Tenho usado uma pescoceira acolchoada, que tiro vez ou outra para relaxar. Ao sair apressada de casa para pegar um voo, de bolsa no ombro, passaporte na mão, passagem, óculos, carregador, entrei me batendo toda no cubículo. Eu disse bonjour pro careca que também estava de mala, mas muito mais calmo que eu. Suando e esbaforida, consegui terminar o checklist mental e enfiei tudo na bolsa. Foi então que tudo ficou em câmera lenta. Assoprei a franja do rosto e comecei a fechar o zíper da bolsa com a mesma mão que segurava a pescoceira aberta, em forma de gancho. O zíper resvalou pelo trilho quando a outra ponta da pescoceira alcançou o outro zíper. O do careca. Minha pescoceira virou o focinho enxerido de um cachorro indiscreto quando chega visita, cheirando no meio das calças de pregas milimetricamente passadas.

Não tive coragem de sequer subir o olhar para pedir desculpas. O fim do fecho da bolsa e da fungada nos fundilhos coincidiu com o exato momento em que a porta do elevador se abriu, e eu escapei feito uma lebre.

Agora só pego escada.
Pelo menos enquanto estiver de pescoceira.

INCÊNDIO

Onze e quarenta da noite. Daqui a vinte minutos já é amanhã. Quem diria que no dia a seguir uma pessoa iria querer tocar fogo no mato. Matar bichos e seus filhotes, plantas e seus frutos. Hoje, fui me apoiar em uma árvore e a casca do tronco, antes forte e protetora, a camada final de anos de crescimento, virou pó, uma cinza fina, como grafite, na minha mão. Um resto de partículas microscópicas do que já havia sido vida. E a morte, apesar de mais leve que a brisa, ficou nas digitais dos meus dedos e não saiu mais. Saiu apenas quando lavei com água e sabonete e disse pra árvore: **"Não fui eu. Mas eu sinto muito"**.

EXIBIDA COLORIDA COME CASCA DE FERIDA

Tá ficando repetitivo o negócio. A culpa é minha.

Fomos esquiar com um amigo italiano querido, que mora por aqui na Suíça a vida toda.

Um dia magnífico de céu azul, sol e pistas razoavelmente vazias. Deslizando pela montanha, descíamos os três sentindo o vento no rosto, aproveitando o barulho da neve ainda fresa sendo cortada pelos esquis. Éramos livres, felizes. Toca trilha sonora aí! **Mas aí a coisa mudou...**

Em uma das paradas para uma breve conversa antes de continuar para a próxima descida, Stefano, o italiano, me pergunta:

"Tudo isso que você esquia você aprendeu só em seis anos?" Sorri, fingindo humildade. Adoro elogio de performance esportiva. Sim.

Brava! Ele ainda completou: "Logo se vê que é 'zportiva'. Tem a coragem de uma esportista!".

Pra quê? PRA QUÊ?

Com o peito estufado feito um pavão e o orgulho brilhando que nem medalha, me joguei nas pistas, me exibindo a cada curva. Abertas e desenhadas. Fechadas e ágeis. Era um foguete ladeira abaixo. Até encontrar uma francesa que não me viu. E aí... Houston, we have a problem!

Culpa de quem? Não sei. Estávamos na mesma linha. Mas eu ia muito mais rápido e sem o controle que deveria ter naquela velocidade. O que me faz sentir infinitamente mais culpada. O mundo girou, os esquis voaram e duas costelas quebraram. Minhas. A francesa está bem, merci.

Culpa minha.

Na verdade, culpa do Stefano. Coragem de uma esportista? Pô, Stefano...

QUEIMADURA

Tenho um bloqueio de sanidade quando se trata de cozinhar. Eu sempre — sempre mesmo, sem exceção à regra — me queimo. Agora há pouco, por exemplo. Esquentei uma sopa de espinafre. Na mesma hora em que a sopa estava quase fervendo na panela, senti o cheiro do pão com alho tostando no forno. Dei as últimas mexidas na panela e desliguei o fogo. Abri o forno e, só porque seria rapidinho transportar as torradas até o prato, peguei os pães da assadeira com a mão. Como se o diminutivo na velocidade fosse anular a temperatura… "Rapidinho" não queima.

Queimou.

Obrigada, cérebro.

Beijos,
indicador e dedão.

TROUXINHA DE QUEIJO

Gosto de cozinhar. Hoje fiz trouxinhas de queijo de cabra, ricota e mel. Tudo no forno, sequinho, crocante.
E o braço da cozinheira queimado. Na boa, acho que preciso de uma roupa de amianto para preparar qualquer refeição que seja. Queimar-se, além de doer, dá uma irritação monstra. As dores que mais irritam: queimar-se no forno; dar uma topada na rua ou no pé da cama; bater a canela na mesa de centro ou a cabeça em qualquer lugar. Hoje foi no exaustor. Que sensação idiota! Raiva.

Beijos da Trouxinha.

PRESÉPIO

Dirijo em direção a Marselha, de manhã cedo, para pegar meu visto japonês. Paro no posto de gasolina. Combustível, cafezinho, xixi e... presépio. No canto da loja do posto, sachês de lavanda, temperos e todas as figuras do presépio em cerâmica. Um artesanato daquela região perto de Marselha, muito tradicional e antigo. Não imaginei que pudesse ser hora de comprar reis magos, pastores e um menino Jesus. Mas, afinal, quando é hora para uma coisa dessas? **Bons fluidos para a minha viagem.**

ACABEI CHORANDO

Acabei chorando hoje. Estranho quando o choro vem assim, sem pedir licença, simplesmente brota e dane-se. Fazia tempo que isso não acontecia comigo. Normalmente, sinto quando vou chorar. E, aí, seguro ou deixo rolar. Mas vou sentindo a transformação interna. **A tristeza vem avisando lá de dentro, subindo até aparecer para os outros e sair.**

Dessa vez ela me estrangulou e se jogou pra fora dos meus olhos, e dane-se que eu estava na fisioterapia. Dane-se que eu estava na frente do meu fisioterapeuta. Dane-se que ele é francês e por isso mais reservado que um fisioterapeuta brasileiro. Dane-se que eu não tinha intimidade. Dane-se que o motivo é pequeno. Dane-se...

Ao longo da sessão, que normalmente me desafia e me anima, fui desequilibrando. Era a segunda sessão. Então, teoricamente, por já conhecer os exercícios, teria que ter mais controle. Mas não tive. Fui ficando mais braba comigo a cada vez que tinha que apoiar a mão na barra, ou não conseguia ficar num pé só para determinado movimento.

Ainda assim, lá no fundo, achei que era birra da minha parte. Meu corpo não obedecia ao que sempre tinha obedecido. Eu queria parar de brincar e começar a acertar. Mas não conseguia. **Acertei umas, mas errei muitas.**

O fisioterapeuta seguia calado, esperando que eu fizesse os exercícios como ele tinha pedido. O cara era bom e me disse que, para terminar, eu tinha que fazer mais uma série de vinte na prancha e mais uma de dez na meia ponta. Eu contei errado. E a cada movimento, maior era o desequilíbrio. Eu parava, respirava fundo e tentava acertar de novo. Do princípio. E de novo. Fiz os vinte daquele jeito.

Na hora da meia ponta em um pé só, não consegui levantar o calcanhar mais que dois centímetros do chão. Mas como? O que é isso? Não acredito!

E assim foi. Um, dois... Eu fazia tanta força. Me concentrava no pé, no equilíbrio, na respiração. E nada de subir. Três, quatro. Os mesmos dois centímetros. No cinco, ela me estrangulou. Engoli. Estava de costas pro cara, que contava lentamente em francês cada pífio movimento meu. Seis. Eu tremia. Respirei fundo. Sete, oito, nove... No dez, senti minha frustração inundando minha cabeça e escorrendo pelos olhos, sem qualquer controle ou aviso. Saiu e dane-se.

Bem, o que me resta?

Amarrei meus tênis devagar e saí pra rua, direto para a terapia intensiva: olhar o mar por alguns bons minutos. Ouvi amigas e irmãs. Comi morangos com mel: quinze. E fui sentir o cheiro dos cavalos trotando.

Pronto! Passou.

Beleuza, Creuza!

Segunda-feira encaro o careca de novo.

E dane-se.

PARTE CINCO

MINHA CASA

CÓDIGOS

Dentro de uma família, ou mesmo em um círculo de amigos, há sempre códigos ou valores característicos daquela relação. Há os amigos para matear, aqueles para surfar, aqueles para praticar esporte junto, ouvir música, apreciar arte ou a natureza, conversar sobre certos assuntos. Gente que entende e sente como você aquele determinado prazer ou divide bem aquela determinada preocupação ou tristeza. Gente que entende o peso ou a leveza de certas coisas da vida.

Dentro da família é igual.

Hoje de manhã, minha mãe me acordou com uma surpresa.
Em uma bandejinha de prata, sobre um guardanapo branco, só pra mim, uma xícara linda de porcelana com café preto. Trouxe na cama. "Como a minha mãe fazia pra mim, quando eu ia visitá-la no Rio, depois que eu casei.
Ela sabia que eu iria apreciar isso", ela contou.
Minha mãe sabia que eu iria apreciar também.
São códigos, valores. Sensibilidades singulares que só alguns pares têm. Ainda bem que a gente se identifica.

Depois que a minha avó morreu, minha mãe foi ao Rio, ainda triste com a perda. Era uma daquelas tardes quentes cariocas. Vitória, a antiga empregada, que se formou com a vó Adda (instrução correspondente ao MIT para engenheiros), apareceu, impecável, com uma bandejinha de prata, um guardanapo de renda e, sobre ele, uma taça de sorvete. Ela olhou para minha mãe e disse: "Imaginei que, neste calor, você pudesse preferir um sorvetinho".

**É, são os códigos.
Ainda bem que a gente se acha por este mundo.**

COISAS DE CASA

Acordar às seis. Com o banquinho e o jornal, sentir o cheiro das plantas enquanto tomo um mate preguiçoso, com os cachorros deitados aos meus pés.

Minha tia, durante os preparativos de Natal, perguntando ao rapaz do açougue se ele tem peru pequeno. O cheiro de jasmim e os sabiás que ciscam pertinho, porque nasceram aqui no jardim e nos conhecem bem. Encontrar na rua gente que me conhece de pequena e pergunta por pessoas do meu passado. Voltar pra casa e sentir, do portão, o aroma do almoço. Tomar um chope, agradecer em alemão e ouvir um Bitteschön do garçom.

O beijo de boa-noite do pai e da mãe.

Em tempos de festas e entregas de docinhos e salgadinhos, saio de casa às pressas e aviso meu pai, que lê compenetrado as notícias na internet: "Paiê, tô saindo. Tu esperas aí a mulher do merengue, tá?". Sigo pelo corredor e, depois de alguns segundos, ouço a voz dele, lá do escritório: "Quem é o Merengue?".

A gente ia ao supermercado, mas desabou o céu e faltou luz na hora em que estávamos botando gasolina. Quatro litros.

Voltamos pra casa. Não dá. Assim não dá.

Tem até árvore caindo.

Éramos meu pai e eu. A cachoeira que descia do céu era tão abundante que até decidimos esperar um pouquinho dentro do carro antes de entrar em casa. Quando a coisa diminuiu, corremos. Tranca o carro, enfia a chave na porta. Corre! Ai, essa chave tá um saco. Vamos! Entramos em casa esbaforidos. Ainda calor. Um bafo quente. Quatro da tarde, dia claro, mas de novo sem luz, sem TV, sem som, sem poder abrir a geladeira. Afinal, temos que preservar o peru.

O espetáculo lá fora era melhor do que qualquer show de fim de ano. Ficamos olhando aquela água toda caindo sobre o verde do jardim, balançando as folhagens, as flores, as árvores, aquele cheiro de verde... Eu fui a primeira. Banho de chuva! Oba! Fiquei pulando no jardim, como se tivesse sete anos novamente. Dois minutos depois, minha irmã e meu cunhado dinamarquês também deixaram dentro de casa uns 40 anos e se jogaram na chuva. Nos atiramos na piscina feito uns loucos, nada de pontas e braçadas de crawl, mas saltos de pernas abertas, bombas, aos gritos. Os dois outros habitantes da casa não resistiram. Pai, mãe e nós três, todos com sete, oito, nove, dez, onze anos de idade na velha piscina, lembrando como a água sempre ficava mais quente quando chovia lá fora, e que os pingos faziam bolhinhas na superfície, e que se o mundo acabasse naquele momento... E daí?

GAIVOTAS

Acho que já contei pra vocês que gosto de tomar café da manhã sozinha, em silêncio, ouvindo o dia amanhecer. Aqui tem algo especial: gaivotas. Amo.

Lá em Porto Alegre era a turma se arrumando pro colégio.

Lembro do meu pai, que até hoje gosta de ficar quieto, lendo o jornal entre colheradas de iogurte e goles de leite. Coitado.

Imagina isso com cinco filhos. E alguns particularmente falantes. (Eu sei que vocês estão olhando pra mim.)

As primeiras palavras que li foram num momento como esse. Acho que na esperança de acabar ou pelo menos diminuir as minhas perguntas, que o interrompiam frequentemente, meu pai me deu uma parte do jornal para ler. E lá fui eu.

"Cê, ô, rrrr, rrrr. Cooo, coorrr. Ê, i, ei. Correi. Correiii. Ô. Co... rrreee... io. Correio! CORREIO!"

Levantar de olhos sobre os óculos. Sorriso.

"Boa, Baixinha! Isso mesmo."

Voltamos pro jornal.
Ele e eu.

"Do. P, p, oooo, pooo..."

E ele no caderno "Mundo".

"Vvvv... povvvv. O. Povo. Povo!!! Pai, povo! Cooorrreiooo ddddo Pooovo. Correio do Povo. CORREIO DO POVO!!! Pai, CORREIO DO POVO!!!"

Grande sorriso.

"Boa, Baixa!"

E eu sou a filha número cinco.

Alguns anos antes, com o *Zero Hora* na mão, meu irmão quis saber do meu pai o que era "áxila".

"Áxila? Como assim?"

"Tá aqui, pai. Morreu com uma facada na 'áxila'..."

Sorriso.

Acho que nós éramos as gaivotas do meu pai.

KRÄNZEN

Kränzen quer dizer "grinalda", em alemão.

Assim era chamado o aperitivo que acontecia quase todas as sextas-feiras entre as primas da minha mãe.
Cada sexta na casa de uma delas.

Lareira acesa. Primeiro, o cafezinho com biscoitos; depois, o uísque com canapés. Às vezes, os homens e filhos eram autorizados a aparecer. Mas bem mais tarde.

Aquele era o momento delas.

O lado mais germânico da família se reunia sutilmente. Era uma ode a um ramo da família quase extinto e seus valores e lembranças. Mas sem exageros. Ali, os olhares por cima dos óculos, os sorrisos lentos, o levantar de sobrancelhas e as pequenas interjeições em alemão diziam mais do que qualquer bandeira ou camiseta de time.

Minha mãe chegava a falar com sotaque na sexta.

E era assim, quando eu era pequena, que eu as via chegando, entre as outras flores da grinalda.

Tia Marga, a linda.

Tia Iga, a doce.

E tia Mariete, a sábia. Por ela, eu tinha um misto de admiração e medo. Medo, não. Um certo respeito, que me deixava esperta. A tia Mariete não era de dengos e chamegos. Dela poderia vir uma repreensão só com o olhar, assim como minha mãe faria, por algum exagero meu. Coisa que as outras tias achariam engraçadinho ou deixariam passar num mimo permissivo.

Mas tia Mariete prestava atenção no que eu dizia.
Viu que eu gostava de cavalos e me levou para montar.

Eu era a caçula de cinco filhos, numa casa cheia de gente com vontades
e necessidades. E ela foi realizar a minha. Me buscava e me trazia de
volta. Não ficava com peninha das minhas dores nas pernas.

Me ensinava.

Dava dicas.

Tia Mariete não tinha frescura, era verdadeira e correta.
Parecia uma rainha em cima do seu cavalo. De pele bronzeada,
curtos cabelos louros, olhos claros, fazia com que o Florete fosse
continuação dela.

A comunicação era plena.

Sem frufru, com altivez e cumplicidade. Ele não era um bicho de
pelúcia, mas um amigo. Lidava com os cachorros Max e Moritz
do mesmo jeito. Tia Mariete falava baixo com eles.
E eles entendiam, escutavam.

Eu ficava fascinada. Queria ser daquele jeito.

E entre tantas qualidades dela que poderiam ser citadas,
essa foi uma das que tenho certeza de que ficaram dentro de mim.

Um presente maravilhoso.

A dádiva de entender, trocar, aprender a me comunicar com os bichos.

Foi dela e de ninguém mais esse presente que estimo tanto,
que torna a minha vida mais colorida e feliz.

Elegante, bonita, sábia, corajosa, delicada, verdadeira, amiga,
uma grande parceira da minha mãe. E, justamente por saber dar
valor às flores, minha mãe fazia questão de chamar o aperitivo
de Kränzen e me deixar ficar um pouquinho na sala.

Obrigada, tia Mariete.
Vou te ter pra sempre em mim.

DIA DOS NAMORADOS

Papá e seu furinho no queixo. Eu sempre recebia flores dele no Dia dos Namorados, antes de ter o meu. No primeiro Dia dos Namorados depois de um término dramático, ele me mandou um buquê, para a filha que andava jururu. Assinou: do pai, Udo e João, teus eternos namorados. Udo e João eram nossos dois bóxers.

GAMBRINUS

Fui almoçar no Mercado Público de Porto Alegre com meus pais, meus tios e minha afilhada. O restaurante foi o tradicional Gambrinus, onde minha avó adorava almoçar. Coisa leve. Filé com batata frita, arroz e dois — isso mesmo — dois ovos fritos em cima.

Vó Maria, que nos 35 anos em que convivemos, se despedia da família em todos os discursos de Natal: "Como não sei se no ano que vem estarei aqui...". Chegou aos 100 comendo fritura, tomando vinho, jamais negando sobremesa, de preferência com muitas gemas. E de salto alto, sempre. Péssimo exemplo para a turma que veio depois. Péssimo. De qualquer maneira, em homenagem à vó Maria, representantes das três gerações seguintes à matriarca continuam indo ao Gambrinus.

Nos olhamos sobre a mesa e assentimos com a cabeça só pra confirmar: o da vó Maria? Isso. Seis, por favor!

Depois de alguns chopes e da refeição frugal, minha mãe ficou enjoada, então resolvemos pular a sobremesa e ir pra casa. Entrei com ela, preocupada.

E meu pai não saía do jardim.

Vamos, pai! Eu queria fechar a porta.

Pai! Chamei com uma pontada de impaciência. E lá veio ele.
Sem dizer uma palavra, com uma florzinha que tinha catado pra me dar.

Esses velhos hábitos dos Becker me fazem muito bem.

Obrigada, vó. Pelo Gambrinus e pelo pai.

ETERNAMENTE NAMORANDO

Eu fazia o jantar enquanto meus pais acompanhavam a visita até a porta.

Segui na colher de pau para não queimar o fundo.

Ouvi despedidas, beijos, chave... silêncio.

O borbulhar chegou no ponto certo, então fui chamá-los à mesa. Na casa de vocês também é assim? Nunca é chamou, sentou.

Fui até a porta da cozinha e gritei: "Tá pronto!".

Voltei pra panela para garantir que o quibebe não grudasse. Minha mãe entrou na cozinha, rindo. "Como as coisas ficam dentro da gente, né! Eu estava dando uma namoradinha no teu pai, ali na entrada, até que ouvimos você nos chamar. Demos um pulo, um pra cada lado", confessou a adolescente, mãe de cinco, avó de três e bisavó de uma.

FAMÍLIA E PASSARINHOS

Será que isso acontece com todo mundo?

É natural que, com o tempo, muitas funções se dividam e se invertam entre pais e filhos. Nós, com mais energia, passamos a cuidar de certas coisas. Passamos a nos preocupar se eles estão comendo bem, dormindo bem, se têm tudo de que precisam, se estão felizes.

Tudo isso.

Mas, ainda assim, quando volto pra casa, dou uma certa regredida. É como se fosse a única chance ou o único reduto em que o tempo não existe. Podemos tomar a frente e protegê-los, resolver as pendengas diárias ou os problemas cabeludos e, ao mesmo tempo, sentir a coberta sendo puxada para cima do ombro quando já estamos na cama.

Beijo de boa-noite e bênção na testa.

Quando acordo, passo no quarto deles para dizer bom-dia, ainda quente da cama. Fico enrolada com os meus irmãos no sofá como se ainda fôssemos filhotes de gente, e não gente com filhotes.

Eu não tenho, mas eles têm.

E obedeço quando minha mãe manda eu botar pantufas e não ficar andando de meias pela casa.

Mas desobedeço quando como bergamota e assopro os caroços de longe, direto para a lareira, que nem um guri:

"Mariana, por favor!".

Vejo televisão de mãos dadas com o meu pai e ainda sinto que as minhas são menores e mais frágeis do que as dele, que tem 82 anos. "Mãozinha fria, minha filha."

Só aqui tudo meu é no diminutivo.

Só aqui revisito prazeres antigos como o de jantar de pijama e banho tomado. Fazer festa com os cachorros e comer logo depois, sem ter lavado as mãos.

Não tenham nojo, é só uma vez por ano.

Que passarinho é esse, mãe?

Sabiá.

Tem um novo que anda aparecendo por aqui.

E qual a diferença entre sabiá e joão-de-barro?

O joão-de-barro é menorzinho e mais marrom.

Ah, tá.

Mãe, já marquei o teu médico.

Amanhã vamos às onze, tá?

Meu pai, com 82 anos, é quem melhor se comunica com a bebê da família, via Facetime. Lá de Boston, Sofia, com oito meses, faz sussurrinhos agudos quando ouve o bisavô assobiar. E os dois ficam longos minutos, um imitando passarinho daqui e a outra imitando passarinho de lá.

MIRROLINHA

Tive que contar essa história para a minha sobrinha que foi criada, grande parte da sua vida, na Inglaterra e nos Estados Unidos. Pouco tempo no Brasil. Apesar de ler, escrever e falar um português perfeito, ela se surpreendeu quando viu o título do livro que vou começar a ler. Pintassilgo. Imagino que deva ter rido muito quando me mandou a mensagem de volta: "Eu não sabia que pintassilgo era uma palavra de verdade".

Rimos todos e me lembrei de mim mesma.

Durante anos, muitos anos, eu achava que existia um passarinho chamado mirrolinha. Até que um dia, já adulta, estava cantando "Passaredo", do Chico Buarque — aquela música em que ele manda os passarinhos fugirem porque o homem vem aí —, e me dei conta do que eu entendia da letra: some rolinha, anda andorinha, te esconde bem-te-vi.

Mas eu achava que era "só mirrolinha", anda andorinha...

Ornitorrincos e ornitólogos de plantão, esses passarinhos estão me deixando intrigada.

Assim como ontem e anteontem, deixei hoje, no terraço, nozes, avelãs, amêndoas, castanhas e uma bola de comida de passarinho que comprei no super. Enquanto trabalho no computador, pela manhã, observo. Obviamente, a bola de comidinha de passarinho foi a que fez mais sucesso.

Mas ontem eles levaram todas as nozes e deixaram as avelãs. Hoje, comeram as avelãs e deixaram as castanhas. Pela lógica, amanhã só vão sobrar as amêndoas. Qual é, passaredo?

Tem outra coisa, os pardais são mais destemidos. Os outros, gordos, grandinhos, pretos, de bico laranja, são bem mais desconfiados, embora tenham o dobro do tamanho dos pardais. Na verdade, eles só parecem gordinhos: estão de anoraque, jaqueta de plumas, japona, como preferir. Eles inflam um pouquinho, e assim fica aquele colchão de ar entre as penas e o corpo deixando tudo mais quentinho para enfrentar as temperaturas negativas. É o Moncler deles.

Aqui, nas montanhas suíças, eles são todos muito selvagens, bem diferentes daqueles que a gente encontra nos encostos de cadeiras ao ar livre, pedindo um pedaço de Big Mac.

Conheço de cachorro, cavalo, um pouco de gato, mas esses gordinhos comedores de nozes são uma incógnita.

Agradeço, desde já, vossos esclarecimentos.

P.s.: Posso comer as nozes que eles não quiseram levar?

P.p.s.: Eles deram umas bicadas no topo de biscoito de uma tortinha que deixei ali fora, posso matar o resto?

Meu primo Gui, veterinário e profundo conhecedor de animais, me deu as respostas em relação ao meu ímpeto de comer os restos do que os passarinhos deixaram.

Resumindo: os pássaros, apesar de bonitinhos, podem transmitir doenças diversas. Portanto, não é para eu comer as nozes que eles não levaram nem a tortinha de biscoito que eles bicaram.

O que é do passarinho, é do passarinho; e o que é meu, é meu.

Com a devida licença poética, apelo à sabedoria popular e agradeço ao aviso do primo, já que passarinho que come pedra sabe o "fu" que tem. Me contentarei com a água que passarinho não bebe. Afinal de contas, passarinho que sai com morcego acaba acordando de cabeça pra baixo.

E tenho dito.

CANÇÕES DE NATAL

Hoje, em um Starbucks, enquanto tomava um café, me dei conta de que a vida inteira cantei "Silent Night" ("Noite Feliz") errado. "Holy infant so tender and wild." Wild? Praticamente, chamei Jesus de Mogli. A sagrada criança, doce e selvagem. A letra correta diz mild, obviamente. Suave. Ri de mim mesma.

E de Jesus, que, na verdade, deve ter sido wild também.

Para virar o revolucionário que foi, querendo igualdade entre pobres e ricos, perante Deus. Protegendo Maria Madalena. Lutando até a morte por aquilo em que acreditava. Em épocas de opressão, cabeludo e barbudo, pregando o amor para todo mundo.

EMBURRADA NO ORATÓRIO

Hoje de manhã, eu ia passar reto pelo oratório onde tinha acendido velas pedindo pelo Schnapps durante os últimos quatro dias.

As velas tinham se apagado.

Senti um certo despeito. Mas voltei no mesmo passo. Acendi as velas de novo meio a contragosto. Não fui atendida, mas é assim mesmo, disse a mim mesma, emburrada.

Procurei sentido naquilo que estava fazendo. Entre tantas respostas óbvias, que davam a verdadeira dimensão do meu ínfimo problema no mar de mazelas e tragédias mundiais, achei uma que bateu no mesmo ritmo do meu coração. Acendi as velas como antes, mas agora para agradecer pelo filhote de cachorro que viveu com a gente.

Por ele ter sido feliz e nos ter feito felizes. Por nos ter deixado alegres, por nos ter dado aconchegos quentes e carinho de focinho gelado. Pedi a ele um caminho tranquilo, se existe mesmo algo depois da morte.

Entendi que fizemos o possível e que a natureza é assim.

Um ciclo.

Fiz as pazes comigo mesma.

Acendi incensos.

Gosto de cachorros. Criaturinhas do bem. Estrelinhas, balinhas para o nosso dia a dia.

Nossos pequenos unicórnios.

FACA DE CHURRASCO

Todo gaúcho tem que ter sua faca, me disse o tio Raul Fahrion, pai da Luiza, da Alice e da Isabel.

Figura fascinante, aparecia na minha casa para visitas-surpresa no sábado à tarde, num domingo de manhã.

Trazia no bolso um canivete e uma quantidade sem fim de histórias sobre guerras, costumes medievais, origens de povos, palavras, cachorros, espadas, facas, batalhas, arte... Tudo misturado numa conversa-aula do amigo da minha mãe, de barba e bigodes oblíquos e olhos pequenos atrás dos óculos.

As histórias eram interessantíssimas por si só, mas, quando contadas por ele, se tornavam hipnóticas.

Fui morar no Rio e vez ou outra nos cruzávamos na casa dos meus pais, em Porto Alegre. Eu reclamava um pouco de saudade, embora estivesse muito bem adaptada e apaixonada pelo Rio. Mas sabe como é, tio Raul, a raiz da gente é a raiz da gente. E os códigos antigos a gente não esquece.

Passaram-se meses, anos, e um dia chega um presente: uma faca gaúcha, muito especial. A última feita por um cuteleiro que não vive mais entre nós, que forjava lâminas com uma técnica que hoje ninguém mais domina. A faca foi encomendada e feita especialmente para mim.

Fiquei admirando a lâmina, o cabo de madeira, osso e metal, a marca no ferro. Uma mistura de Excalibur, varinha do Harry Potter e anel de família.

Um presente feito para me lembrar do meu chão, da amizade, da força dos laços antigos e das histórias que me fizeram ser quem me tornei.

Hoje comi um churrasco com a minha faca.

Aqui na Europa ou no Rio, ninguém leva sua faca para o churrasco dos outros, como se costuma fazer no Rio Grande do Sul.

Quando fiz isso em lugares fora do Estado gaúcho, me olharam como um ser primitivo e perigoso. Mesmo na minha casa, as visitas estranham ao me ver com uma faca diferente na mesa. Mas explico que é tradição, um presente de família, e as sobrancelhas dos convivas mudam.

Hoje, deu pena terminar a carne e saciar a fome.

Sempre como um pouco mais só para poder ficar com a faca mais um pouquinho.

Guardei-a azeitadinha e afiadinha, como se deve fazer. Mas ainda não tive coragem de botar na gaveta.

Até o próximo assado!

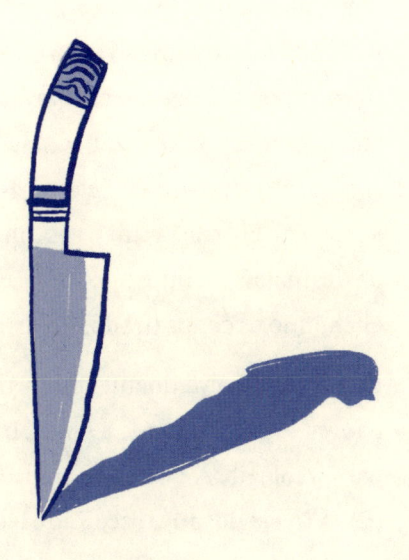

OS BARULHOS DA CASA

**Toda casa fala. Basta saber escutar.
E se você convive com ela desde que nasceu,
como eu, pode compreender cada estalo.**

A velha casa, que, sonolenta, eu via se aproximar de cabeça pra baixo enquanto era carregada pelo meu pai, tarde da noite, de volta da festa de Natal. Chaves balançando, a porta se abrindo e o sino suíço de latão soando. Minha casa sempre teve um sino na porta da entrada. Desde aquele que poderia ter saído do pescoço gordo de uma vaca até os guizos orientais, turcos.

A respiração rápida e frenética, o espirro dos bóxers animados com a nossa chegada.

"Sai, cachorro!", ralhava baixinho o meu pai.

Passos largos e lentos do meu pai com seus tamancos de madeira suecos, sussurros sobre o amanhã com a minha mãe.

O acende e apaga luz do corredor. Tira sandálias, põe camisola, e cama, travesseiro, beijo com cheiro de vinho tinto. A porta range até chegar na fresta exata para deixar entrar um pouco de luz. E os passos se afastam. Pai e mãe conversam na cozinha. Sei que estão na cozinha porque a porta de lá arrasta um pouquinho para abrir e, antes de desmaiar de sono, ouço o barulho da garrafa de água enchendo os copos tirados do armário de madeira.

Quando eu ficava doente, ouvia uma conversa da casa que não estava acostumada a ouvir, porque sempre saía cedo para o colégio. A casa de manhã. O barbeador elétrico do meu pai. A fivela do cinto escolhido batendo na haste do armário.

Minha mãe abrindo o armário dos remédios e aquele barulhinho de envelopes de metal dos comprimidos. Mão na testa, termômetro embaixo do braço, beijo do pai com cheiro de colônia pós-barba. Os passos se distanciando.

As irmãs passavam — chuif chuif chuif — com seus jeans boca de sino, de um lado para o outro do corredor. Para mim, aquele era um barulho respeitável de jovens adultos. Tanto é que quando comprei a minha primeira calça boca de sino, notei orgulhosa que soava como as das minhas irmãs ao andar por aí.

Da cozinha vinha também o conhecido bate-bate da colher de sobremesa com a qual meu irmão mexia metodicamente o leite, com muito Nescau, num copo fundo. Tá demais isso, menino!

O lento escorregar da porta de madeira da garagem no trilho, e tudo ficava quieto.

Acordava com o tremelique da xícara sobre um pires que vinha pelo corredor nas mãos da minha mãe ou da Tata. Chazinho com torradas. Ainda com febre. Dormia.

Acordava com a enceradeira, o cheiro de produto de limpeza e um arrastar de cadeiras e bater de tapetes. Cortinas abertas, sol entrando.

Bem-te-vis cantavam no jardim e os cachorros se arrastavam no muro coberto de hera pra coçar as costelas.

O bater do salto da minha mãe pra cima e pra baixo, no corredor, e lufadas de Opium entrando pelo quarto. Melhor, Maricota? Melhor... Dormia até despertar com o chiar da panela de pressão e o cheirinho do feijão, o barulho abafado da colher que misturava o refogadinho.

Banho, troca de pijama. Dorme.

Molho de chaves na porta. A fechadura estala e o sino badala. Eles voltaram, avisa a casa.

INIMIGO NA TRINCHEIRA

Tem um mosquito morando no meu quarto.
Há três dias que ele se alimenta, basicamente, de mim.
Café da manhã, almoço (às vezes, pula essa refeição) e jantar.
Esse é sagrado. Faz questão.
Todas as noites.

O inseto se vale do meu cansaço e chega a repetir o prato.
Pois bem, meu caro, hoje estou alerta e disposta.
Os manjares dos deuses, as ceias nababescas, as bebedeiras inconsequentes acabaram.

O amanhã chegou!

Eu, o São Miguel Arcanjo da foto e a toalha de banho vamos mostrar quem manda aqui.

Fuja para o deserto ou morra aqui mesmo.
Assoprarei os seus restos para o chão.

Ah, e amanhã é dia de faxineira e aspirador.
Nem isso sobrará.

En garde!

TATA

A Tata veio me visitar de surpresa. Ela me criou com minha mãe, meu pai e meus irmãos, desde meu nascimento até a maioridade, quando virei mulher formada e namorada.

Ela botava o berço perto da lareira em noites frias de inverno e chegava a ficar com o braço formigando enquanto me ninava, porque eu tinha sono muito leve e bastava ela se mexer para eu acordar. Quase nunca ralhava comigo. Mas me disciplinava.

A única vez que menti pra ela, quando eu ainda era uma adolescente bobalhona, ela chorou.

Nunca mais.

Ela fazia bala de coco para mim, de aniversário.

Hoje, à mesa, minha mãe comentou que eu era muito arteira, e Tata assentiu com a cabeça. "A Mariquinha sempre foi muito rápida." Eu subia no telhado, no muro, na janela. Tiveram que cancelar o aluguel de um apê em Torres por minha causa.

Mas foi com a Tata que aprendi a subir em árvore e rir do próprio tombo. Ela já tinha seus 50 quando assisti a ela despencar de uma bergamoteira, quebrando galhos com a bunda, às gargalhadas.

A Tata botava talco na minha cama pra eu dormir perfumadinha.

E eu lambia a mão dela, dizendo que era de chocolate.

MANHÃZINHA

Adoro "de manhã cedo".
Muito mais que "tarde da noite".
Sou diurna.

Sempre fui.

Solar, como uma vez me elogiou a amiga Elisa.

De manhã, nasço com o sol. Gosto de sentir o perfume da grama, do manjericão, do capim-cidró, da terra, da água, das flores que estão acordando comigo. De manhã cedo, a vida ainda tem ritmo natural.

Depois, aff, tanta coisa pra fazer. Gosto de dar bom-dia, ainda quente da cama, de olho pequenininho, pro cachorro, que fica feliz, porque não me vê desde o dia anterior. Gosto de me deixar despertar com o aroma do cafezinho ou do mate. De, ainda descabelada e de pijama, aproveitar o silêncio da manhã fresca. Da conversa lenta e baixa. Depois, eu acelero e entro noutra cadência.

Mas agora, calma, deixa eu nascer direito, que o dia é longo e espero que seja bom.

Ô, LÁ EM CASA

Uma e vinte da matina. Acabei de trabalhar. Resolvi aproveitar o fuso e ligar pra casa. Eles estão prestes a jantar uma ovelhinha com molho de menta com a minha tia Vera, que levou o vinho. Faladinha rápida, então, só pra mandar beijo. O pai ainda me chama de queridinha; e a mãe, de boneca. Suspiro. Profundamente, com cílios de Emília.

Essa noite sonhei que meu pai era papa. Todo vestido de papa, ele botou o carro na garagem lá de casa. Depois abriu o portão eletrônico e ficou na calçada com toda aquela vestimenta e chapeuzinho, de mão na cintura, assobiando para chamar o Zizou, nosso cachorro que tinha escapado.

Alô, Freud?

Meu pai tem 83 anos e, desde que eu tirei as fraldas e me entendo por menina, ele abre a porta do carro pra mim. Sem pensar, me faz passar à frente em qualquer caminho estreito ou entrada de loja, casa ou restaurante. Caminha do lado de fora da calçada. Me serve primeiro de qualquer bebida. Hoje, depois de cumprirmos compromissos matutinos chatos, tomamos café da manhã juntos, na rua. Eu comentei: pronto! Fizemos tudo. Boa a nossa manhã, né, pai? Enquanto eu me arrumava na cadeira, veio a resposta: "Qualquer coisa contigo é boa".

É ou não é o meu primeiro namorado?

PELOS CORREDORES DA CASA

Ouvindo histórias de uma turma de amigos dos meus pais, que iam juntos às festas de 15 anos da época: "Era o Me Cansa, o Comprido, o Cansado (de ser rico, bonito e procurado pelas mulheres), o Bicho, a Ximboca, o Ranço...".

Tô adorando!!!

A turma de 65 anos atrás não é muito diferente da minha nem das que vemos hoje...

Pedro, meu afilhado, caminha com os braços balançando forte quando está contente. Muitas vezes, ele repousa uma das mãos na barriga, como um Napoleãozinho.

Sorri com covinhas para quem diz: "Vou te pegar". Ele gosta de fugir, e mais ainda de ser pego.

Morre de rir.

Mais do que qualquer brinquedo, Pedro ama ralos. Ralos de banheiro, de cozinha, bueiros, ventiladores. Ama também os aquecedores.

Mas Pedro tem medo da luva da cozinha e do secador de cabelos. Tem algo de estranho ali.

Pedro é um homenzinho curioso começando a conhecer este mundo de buracos misteriosos, pessoas, barulhos, bichos, luvas.

Absolutamente tudo é importante.

Importante a ponto de guardar o "bibi" no bolso para ir investigar o jardim e cumprimentar a bailarina de ferro que espera por ele todos os dias na casa da Vóvi.

Já sabe o que é cheirar.
Mas ainda não coordenou muito bem a inspiração com a proximidade de uma flor perto do nariz.

Mas tudo isso é uma questão de tempo, e isso Pedro tem de monte.

Há dois dias ando afundada na minha casa, farejando todos os cantos, fundos de gavetas, bolsos de casacos, bolsas, prateleiras, embaixo da cama, atrás dos armários...

Desesperada desde ontem à procura de um envelope com um conteúdo importantíssimo. Paro um pouco para comer, tomar água, trabalhar. E volto aos corredores e quartos com o meu nariz no chão. Desisto por algumas horas. Escrevo aqui, faço contas.

De repente, não aguento. O envelope, onde estará o maldito? Levanto a cabeça para ter uma noção geral do território já desbravado por mim.

E lá vou eu de novo. E de novo. Muitas vezes nos mesmos lugares. Fui ao porão, olhei malas. Talvez no carro... Estou totalmente obcecada com essa raposa ou esse marreco, que era para estar por aqui em algum lugar.

Não desistirei!!! Snif... snif... snif...

A CEIA DE NATAL

Hoje tive a certeza absoluta e inquestionável de que é impossível organizar a ceia, os presentes, enfim, o Natal de antemão. De forma metódica. Com listas. Datas. Lugares aonde buscar, levar, encomendar. Fazer as contas de quantos, quandos, quens... Os porquês, melhor esquecer. Nessa época do ano não se faz essa pergunta. Muito menos se responde.

Cheguei à casa dos meus pais com essa intenção. Tentei, respeitando sempre a vontade da matriarca, cujo apelido é imperatriz. Não. Não foi fácil. Mas seria possível.

A minha véspera de Natal começou dez dias antes, para que hoje de manhã, dia 24 de dezembro, eu pudesse acordar com calma, escovar os den... Cadê o peru? Hein? O peru que começaria a ser assado agora de manhã? Para essa tarefa foi chamada Mara, a especialista. Não me venham com piadas. Não é hora. Lá está ela, me olhando com olhos arregalados. Não acho! Meu coração quase saiu pela boca. Cuspi a pasta, sem sequer escovar os incisivos. Geladeira de cima abaixo e de baixo acima. Freezer. O peru desapareceu. Até a mesa já estava pré-posta. Mas aquele que, depois do menino Jesus, divide com o Papai Noel o papel mais importante da noite simplesmente sumira.

Larguei tudo. Peguei as chaves e me atirei no inferno de Dante: o super. Feito uma louca, sem carrinho, corri pelos corredores, repetindo: "O peru, o peru!". Perguntei para a moça dos frios, quase gritando: "Onde estão os perus?". Não ouvi a resposta, só segui na direção que a mão dela indicou. E, lá no fundo, estavam eles. Ainda tinha! E, graças a Deus, não estavam congelados.

Voltei pra casa vitoriosa. Como Obelix com o javali debaixo do braço. Eu tinha tudo. O *quem*: a ave. O *quando*: imediatamente. O *quanto*: treze quilos. O *porquê*... o porquê é melhor nem tentar saber. Eu falei.

Em fim de ano não se pergunta isso.

MAIS PASSARINHOS

Lá vem mais um. Tão bonitinho. Os sabiás criados no jardim, mansos como as rolinhas que tiveram filhotes no jasmineiro da minha janela.

Trocaram as penas e brincam de pegar minhocas ao meu lado. Sem medo.

O bem-te-vi mergulha na piscina de um lado a outro e afia o bico na borda. Até colibri desce aqui para beijar uma trombeta com fundo de mel.

Todos eles.

Todos, invariavelmente, se apoiam no espaldar e fazem cocô no encosto do banco de bonde. Não atrás, mas na frente, onde as pessoas gostariam de se encostar.

Fico imaginando se é a inclinação do encosto que ajuda os movimentos peristálticos dos bichinhos.

Minha irmã sugeriu um bilhete com uma seta: vire a bunda pra lá.

Tão idílico.

MARGARIDAS VELHAS

**Quando visito meus pais,
faço questão de obedecê-los.**

Pergunto a eles se posso almoçar fora com amigos.
Digo a hora que vou voltar, aviso onde estou.

Se vou demorar, ligo.
Se demoro, minha mãe é quem liga.

E eu volto.

Hoje, ela me mandou comprar algumas coisinhas
e eu fui.
Quase pedi o troco em balas, mas só tinha aspirina
e Engov. Trouxe o que sobrou do dinheiro e deixei
no balcão da cozinha, ao lado do bolo.

Perguntei se podia roubar um pastel do forno antes
do almoço.

Meu pai passou por mim, deitada no sofá, e pôs a mão
na minha testa: "Acho que tu estás febril, Baixinha".

Foi ver um memédio.

Quando estamos entre nós, temos todos a mesma idade
de antigamente. Nos damos essa chance de voltar ao
passado e nos tornamos cúmplices nesse acordo tácito.

Meu irmão sugeriu que eu botasse a mão sobre a
boca, lembrando que eu era uma menina, enquanto
eu andava pelo corredor tossindo como um cachorro
velho e fungando feito um leitãozinho.

Aliás, foi assim que minha irmã mais velha, a
veterinária, me chamou, enquanto medicava minha
dor de garganta, com o sorriso cúmplice do meu pai.

Fui com ele podar o jardim.

Eu, ansiosa, com movimentos largos; e ele, detalhista, com paciência de cirurgião.

Minha mãe mandou tirar as margaridas velhas.

Margaridas velhas?
Como pode?
Nenhuma margarida é velha.

Nem nós, quando estamos em família.

Para meu pai, com amor.

Esta obra foi composta em Mrs Eaves XL 11,3 pt e impressa em
papel Pólen bold 90 g/m² pela gráfica Paym.